人と自分の心を動かす!

なるほど心理学

精神科医
ゆうきゆう
［監修］

Gakken

本書は、『イラスト図解 わかる!使える! はじめての心理学』（学研プラス 2015年刊）を再編集したものです。

ココロのフシギは心理学でわかる！

大勢の人の前で話すとき、緊張してしまう。行列のできるお店に思わず並んでしまう。恋愛をしていて、なぜか急に熱が冷めてしまう……。どうしてそんな行動をしてしまうのか、なぜそんな気持ちになるか自分でもわからない。

このように、人の心の世界は不思議に満ちています。

同じ出来事、状況であっても、その人がどう行動し、何を考えるかは人それぞれ。失恋したとき、まわりに悲しみ・つらさを訴える人もいれば、あえて明るくふるまう人もいます。いつもは優しい人が突然キレ出したり、出世した途端に人柄が変わったりと、人の心はつねに変化します。

こうした行動や思考の裏に隠されている心の動きを解き明かすのが、心理学という学問です。

「人の行動」や「気持ち」の背景にどんな心理が働いているのか？　それを知ることができれば、生活を改善したり、良い人間関係を築いたりすることに役立ちます。実際、心理学は、学校や職場、病院での心のケア、

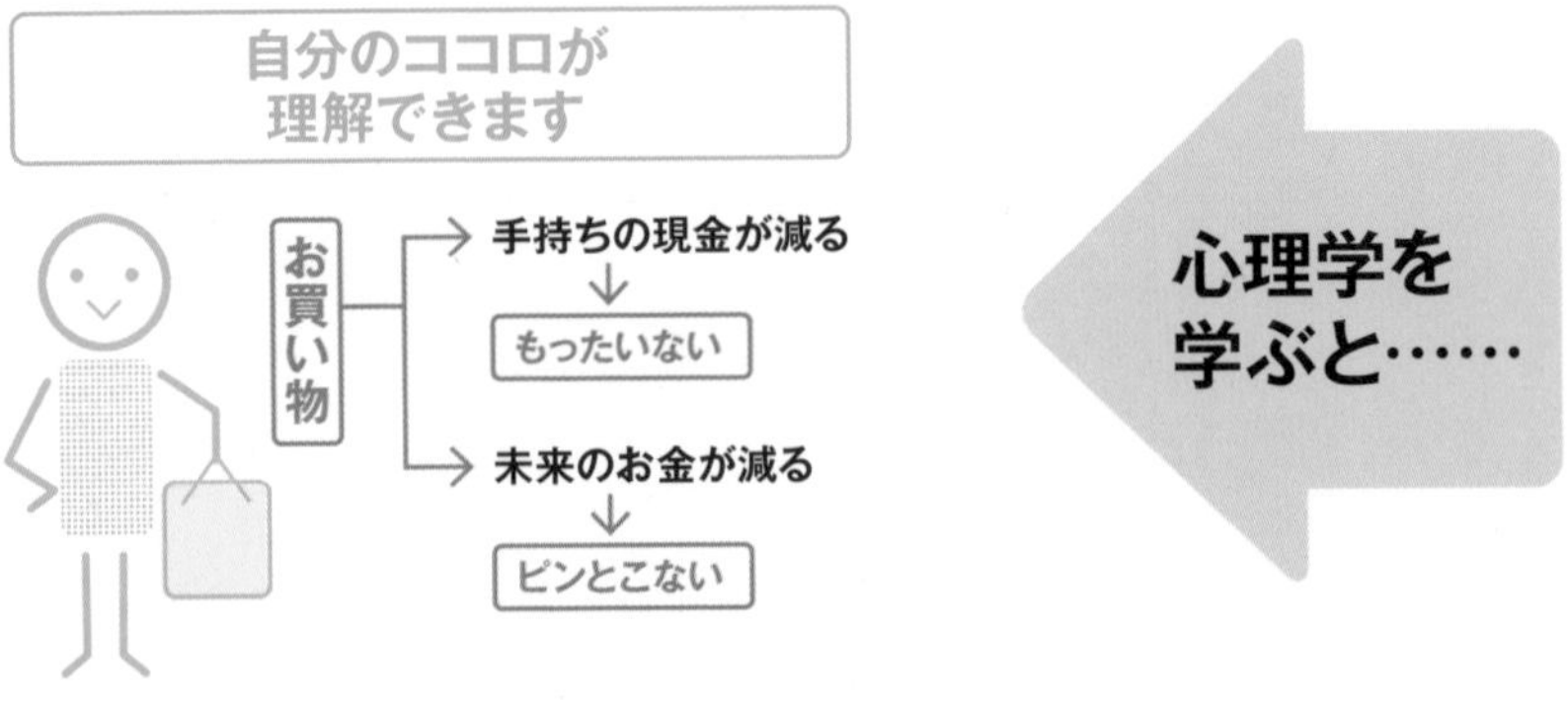
心理学を学ぶと……
自分のココロが理解できます
お買い物
手持ちの現金が減る
もったいない
未来のお金が減る
ピンとこない

商品開発やマーケティング、公共施設の設計、社会問題の解決など、さまざまな分野で活用されています。

本書は、ビジネスシーンやプライベートの場で、多くの人が体験するシチュエーションを挙げ、その背景にある人の心理を解説しています。自分を１００％コントロールしたり、他人の心を完全に見抜いたりすることはできなくても、知識を得ることで、突破口が見つかることがあります。

さらに、心理学の知識を使って、自分の悩みを解決したり、恋愛を成就させたり、仕事で成果を挙げたりできる、実践テクニックも紹介しています。

みなさんの人生がさらに実りあるものになるよう、ぜひ本書を役立てていただければと思います。

監修者紹介

ゆうきゆう

精神科医・マンガ原作者

ゆうメンタルクリニック・ゆうスキンクリニック総院長。
東京大学理科Ⅲ類（医学部）に現役入学。東京大学医学部医学科に進学し卒業。2008年よりゆうメンタルクリニックを開院。また、医師業のかたわら、心理学系サイトの運営、マンガ原作、書籍執筆などさまざまな分野で活躍。軽快な語り口とわかりやすい説明で、幅広い層からの支持を集めている。
Jam氏との共著『マンガ版 ちょっとだけ・こっそり・素早く「言い返す」技術』（三笠書房）がベストセラーとなったほか、シリーズ累計300万部を超える『マンガでわかる心療内科』（イラスト:ソウ／少年画報社）などマンガ原作、著書が多数ある。
Twitter @sinrinet

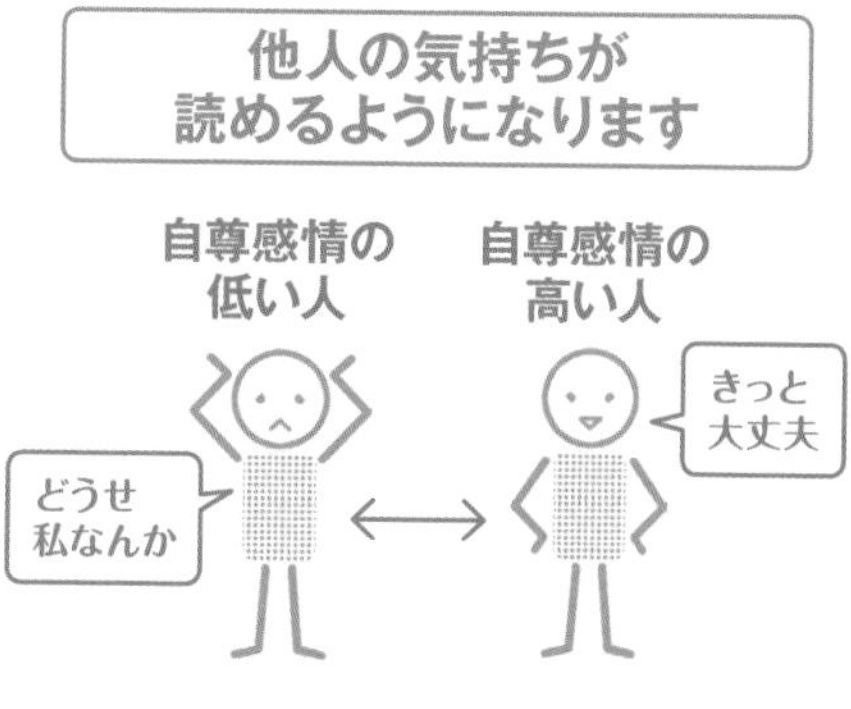

他人の気持ちが
読めるようになります
自尊感情の
低い人
自尊感情の
高い人
きっと
大丈夫
どうせ
私なんか

どう行動すればいいか
わかります
集まりに参加する
友だちと会う

もくじ

ねぇねぇ 知ってる!?
新入社員のAちゃんのコト
なに、なに？
営業のBくんと
つきあってるらしいよぉ～
大学の先輩・後輩だって！
ウッソ～

ドキドキ
ホラー映画鑑賞中
こわいー！

パート⑤ 仕事ができる人になる！ 心理学 — 133

だいたい、あなたは注意力が足りないの
のんびりしすぎだし
すみません…
また言葉がきつくなっちゃった…

うるさい妻
ガミガミ…
イヤな上司

いつもと
キャラ
違くない？
とろいんだよ
まったくよぉ〜
ジャマ
だな
前の
トラック

本書の見方

ビジネスシーンや私生活でよくあるシチュエーションにおける心理学を、わかりやすい1コママンガとともに紹介しています。見開きで完結していますので、気になるページから読んでみてください。

❶ テーマ
このページの大きなテーマです。興味のあるものから読んでいきましょう。

❷ 1コママンガ
よくある行動や心理を紹介。心当たりのあるシチュエーションが見つかるかも!?

❸ テクニック
実生活で役立つ心理学のテクニックを解説します。

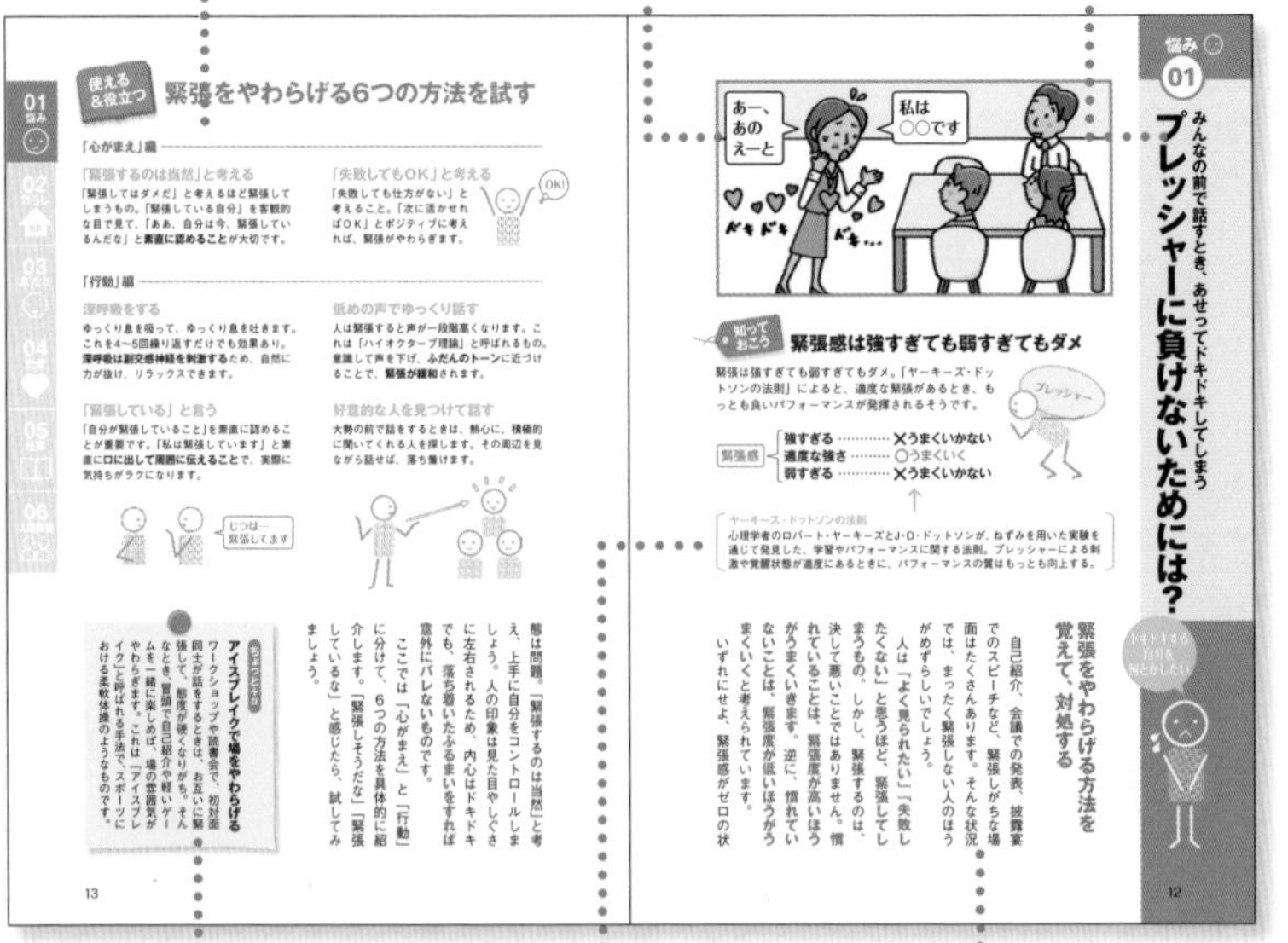

❹ 解説
1コママンガに関連する心理学の知識を紹介します。

❺ ことば
重要なキーワードや心理学の用語をまとめています。

❻ ちょっと＋α
もっと心理学を知りたい人のために、補足情報を集めました。

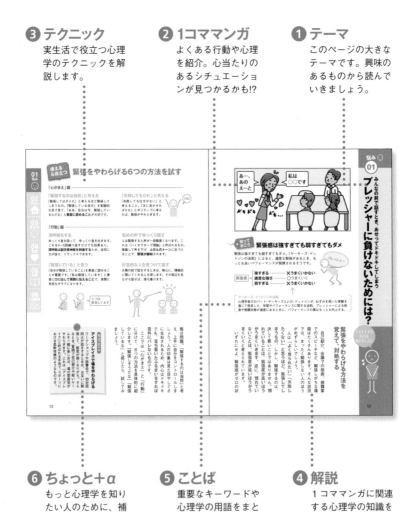

パート

1

悩みがすっきり解消する！心理学

小さいことでもイライラしてしまう。
ついムダ遣いをしてしまう……。
そんな悩みも、ここで紹介する方法で
きっと解消するはずです。
心理学を通して自分のココロを
見つめ直してみましょう。

このイライラ
何とかして！

悩み 01

みんなの前で話すとき、あせってドキドキしてしまう
プレッシャーに負けないためには？

ドキドキする自分を何とかしたい

知っておこう 緊張感は強すぎても弱すぎてもダメ

緊張は強すぎても弱すぎてもダメ。「ヤーキーズ・ドットソンの法則」によると、適度な緊張があるとき、もっとも良いパフォーマンスが発揮されるそうです。

緊張感
- **強すぎる** ………… **×うまくいかない**
- **適度な強さ** ……… **○うまくいく**
- **弱すぎる** ………… **×うまくいかない**

ヤーキーズ・ドットソンの法則
心理学者のロバート・ヤーキーズとJ・D・ドットソンが、ねずみを用いた実験を通じて発見した、学習やパフォーマンスに関する法則。プレッシャーによる刺激や覚醒状態が適度にあるときに、パフォーマンスの質はもっとも向上する。

緊張をやわらげる方法を覚えて、対処する

自己紹介、会議での発表、披露宴でのスピーチなど、緊張しがちな場面はたくさんあります。そんな状況では、まったく緊張しない人のほうがめずらしいでしょう。

人は**「よく見られたい」「失敗したくない」と思うほど、緊張してしまうもの**。しかし、緊張するのは、決して悪いことではありません。**慣れていることは、緊張度が高いほうがうまくいきます**。逆に、**慣れていないことは、緊張度が低いほうがうまくいく**と考えられています。

いずれにせよ、緊張感がゼロの状

使える&役立つ 緊張をやわらげる6つの方法を試す

「心がまえ」編

「緊張するのは当然」と考える

「緊張してはダメだ」と考えるほど緊張してしまうもの。「緊張している自分」を客観的な目で見て、「ああ、自分は今、緊張しているんだな」と**素直に認めること**が大切です。

「失敗してもOK」と考える

「失敗しても仕方がない」と考えること。「次に活かせればOK」とポジティブに考えれば、緊張がやわらぎます。

OK!

「行動」編

深呼吸をする

ゆっくり息を吸って、ゆっくり息を吐きます。これを4～5回繰り返すだけでも効果あり。**深呼吸は副交感神経を刺激する**ため、自然に力が抜け、リラックスできます。

低めの声でゆっくり話す

人は緊張すると声が一段階高くなります。これは「ハイオクターブ理論」と呼ばれるもの。意識して声を下げ、**ふだんのトーン**に近づけることで、**緊張が緩和**されます。

「緊張している」と言う

「自分が緊張していること」を素直に認めることが重要です。「私は緊張しています」と素直に**口に出して周囲に伝えること**で、実際に気持ちがラクになります。

好意的な人を見つけて話す

大勢の前で話をするときは、熱心に、積極的に聞いてくれる人を探します。その周辺を見ながら話せば、落ち着けます。

じつは…
緊張してます

態は問題。「緊張するのは当然」と考え、上手に自分をコントロールしましょう。人の印象は見た目やしぐさに左右されるため、内心はドキドキでも、**落ち着いたふるまいをすれば意外にバレないもの**です。

ここでは「心がまえ」と「行動」に分けて、6つの方法を具体的に紹介します。「緊張しそうだな」「緊張しているな」と感じたら、試してみましょう。

ちょっと＋α

アイスブレイクで場をやわらげる

ワークショップや読書会で、初対面同士が話をするときは、お互いに緊張して、態度が硬くなりがち。そんなとき、冒頭で自己紹介や軽いゲームを一緒に楽しめば、場の雰囲気がやわらぎます。これは「アイスブレイク」と呼ばれる手法で、スポーツにおける柔軟体操のようなものです。

悩み 02

イライラしない人になるには？

ささいなことに腹が立ち、不満がたまって爆発しそう

あー!! もう、
やってらんない!
大丈夫？

知っておこう　人は気分に合う情報を記憶する

気分が悪いときには「悪い情報」を、良いときは「良い情報」を求める傾向があります。つまり、イライラの原因は自分の気持ちのなかにあります。

気分一致効果
人には、気分に一致しない情報よりも、一致する情報を記憶しやすい傾向がある。また、記憶されているものを思い出すときの気分と、その内容が一致しているとき、その記憶は思い出されやすくなる。

気分＝バッド
- **良い情報** …………… **覚えていない**
- **悪い情報** …………… 覚えている

気分＝グッド
- **良い情報** …………… 覚えている
- **悪い情報** …………… **覚えていない**

これを変える！

このイライラ
何とかして！

周囲に答えを求めず、ポジティブな気分に転換

すぐにイライラする人は原因を周囲に求めてしまいがちです。しかしたいていの場合、その原因は自分にあります。自分の気持ちがネガティブな方向に傾いているときは、ささいなきっかけで「イライラモード」に突入してしまうので、客観的な目を養うことが大切です。

人は**そのときの気分に合った情報を収集して記憶しやすいこと**がわかっています。これは「気分一致効果」と呼ばれるもの。**気分が悪いときは、周囲から悪い情報をピックアップして記憶する傾向があります。**一方、

使える&役立つ イライラから脱出する3つの方法

方法❶ アンカリング

輝いていた自分を思い出す

「幸せを感じたときの気分」を呼び起こすことで、ポジティブな気持ちに転化できます。これが「アンカリング」と呼ばれる方法。イライラしたら、優しい気持ちになれる**ハッピーな出来事**を思い出しましょう。

HAPPY!

方法❷ ペルソナ・ペインティング

おもてなしをする人になりきる

イライラして相手に当たりそうになったときは、**「いつもと違う自分」**を演じましょう（ペルソナ・ペインティング）。たとえば、ホテルのコンシェルジュ。「サービス業だから周囲をもてなすのは当然」と考えましょう。

かしこまりました

方法❸ ゲシュタルト療法

イライラの原因を探って宣言する

「ゲシュタルト療法」では、イライラの原因を自分に問いかけ、「私は○○のせいで怒っている」と自分に宣言。その後、1分間だけネガティブな感情を吐き出せば、スッキリできます。

①自分に問いかける
↓
②はっきり宣言する
↓
③1分間吐き出す

私は○○のせいで今、すごく怒っている!

気分が良いときは、良い情報だけを集めて記憶する傾向があるとされています。

「イライラしているな」と自覚したら、落ち着いて、自分の気持ちをポジティブな方向に向けましょう。ここでは、アンカリング、ペルソナ・ペインティング、ゲシュタルト療法の3つを紹介します。

周囲に当たるのではなく、**自分のなかに答えを見つけるように努力**しましょう。

ちょっと+α

単純作業でイライラから回避する

イライラがつのってネガティブな気持ちになったとき、意識的に単純作業を行えば、気分がまぎれます。「ゆっくり数を数える」「文章を書き写す」「机の上をかたづける」などを試してみましょう。

仕事や家事で毎日、目が回ってしまうほど忙しい
ストレスとうまくつきあうには？

知っておこう ささいなストレスサインを見逃さない

ストレスのたまり具合を自分でチェックしましょう。ストレスのサインは、以下のように、心理面、行動、体に具体的に表れます。

心理面のサイン
- イライラしやすい
- 不安が消えない
- 気分が落ち込む
- 気力がわかない

行動のサイン
- 飲酒量が増えた
- 喫煙量が増えた
- 仕事のミスが増えた

体のサイン
- 頭痛、肩こり、腰痛
- 胃が痛む
- よく便秘をする
- よく下痢をする

ストレスの3つのサインを見逃さないようにする

ストレスを感じない人はいません。生きているかぎり、**ストレスをゼロにはできませんが、ため込まない工夫はできます。**

ストレスをうまく発散できなければ、虚血性心疾患《きょけつせいしんしっかん》（心筋梗塞《しんきんこうそく》や狭心症）を発症することもあります。アメリカの心臓学者フリードマンとローゼンマンによると、**競争心が強く、野心家で、仕事をバリバリこなすタイプは、とくにストレスによって虚血性心疾患になりやすい**とされているので、十分に注意しましょう。

ストレスをため込まないためには、

使える&役立つ

ストレスを発散させる3つの方法

だれかに自分の悩みを聞いてもらう

「悩み」「怒り」「不満」をだれかに話すことで、ストレスを発散できます。話を聞いてもらうことで気分がスッキリするのは、**浄化作用があるから**。その意味で、「話を聞いてくれる人」は貴重な存在。一方的に話すのではなく、相手の話を聞くことも忘れないように。

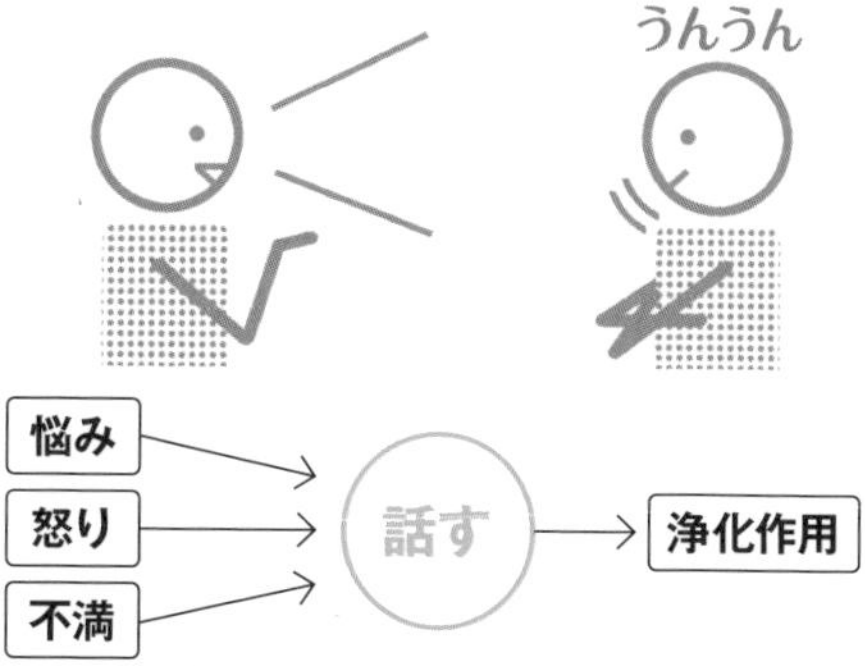

意識的に気分転換の時間を作る

体を動かすことでストレスを自然に発散できるので、スポーツは良い方法。**汗を流すこと**で上手に気分転換できます。一方、スポーツが苦手な人は、自分を忘れて没頭できる趣味を持つように努力しましょう。

ストレスから逃れる努力をする

「悩み」「怒り」「不満」の原因が日常にひそんでいる場合は、解決しようと努力せず、**逃げてしまうこと**も大切。気まじめに「立ち向かわなければ」と考えず、嫌なもの、こと、人から逃げてしまいましょう。

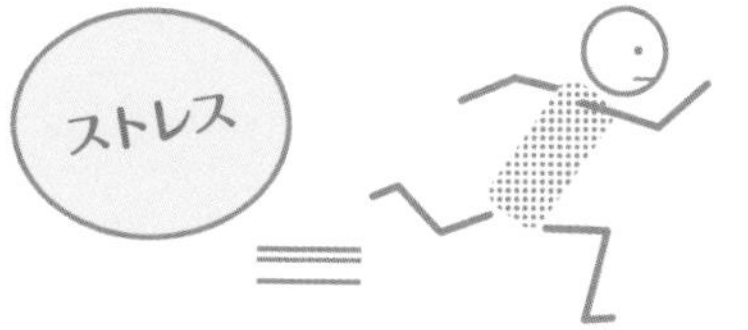

まず**ストレスのサインを見逃さないこと**。日ごろから**「心理面」「行動」「体」の3つのサインを意識する**習慣をつけましょう。もし、ストレスがたまっている状態を自覚できたら、できるだけ早く行動に移し、積極的に発散します。

　悩みをだれかに聞いてもらうことも、スポーツなどで気分転換をすることも有効。ストレスの原因が特定できる場合は、そこから逃れることもひとつの解決策になります。

ちょっと＋α

ネットに書くとストレスは減る?

自分のSNSかブログに書き込んでストレスを発散することもできます。しかし、完全に自分をさらけ出しているわけではないので、対面で話を聞いてもらうほどの効果はありません。

悩み 04

食べ過ぎると太るのは、わかっているけれど、やめられない ダイエットを成功させるなら？

またやっちゃったの?
ダメだ～また食べ過ぎた…

知っておこう

食べ過ぎてしまう人の2つのタイプ

「外発反応性が高い人」と「報酬不全症候群の人」は、食べ過ぎてしまう傾向があります。ダイエットを目指すなら、この2つの傾向を理解しましょう。

タイプ❶ 外発反応性が高い人

外からの刺激がきっかけになりやすい人。「影響を受けた」と感じたら、一歩踏みとどまる努力をしましょう。

直接見る →
動画で見る →
うわさ話で聞く →
つい食べてしまう

タイプ❷ 報酬不全症候群の人

「すぐ食べられるもの」に飛びつく傾向がある人は、準備に手間をかけることで、食事の量を制限できます。

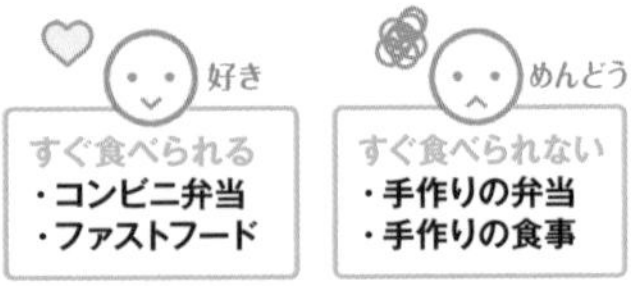

好き
すぐ食べられる
・コンビニ弁当
・ファストフード
めんどう
すぐ食べられない
・手作りの弁当
・手作りの食事

食べ過ぎてしまう理由を理解して回避する

「太る」「太らない」は体質にもよりますが、やはり「たくさん食べる人＝太っている人」という傾向は否定できません。わかっているけれど、つい食べ過ぎてしまうという人は、「外発反応性《がいはつはんのうせい》」が高いと予測できます。

この傾向がある人は、外からの情報に左右されやすいため、**テレビ番組、広告、人が食べている姿を目にすることで「自分も食べたい」と考えます。**

一方、「報酬不全症候群」の傾向がある人も、過食になりやすいとされます。この場合の報酬とは「食べもの」。**食べものが簡単に手に入れ**

わかっているけれど食べたい!

使える&役立つ ダイエットを成功させる5つのコツ

余分な食べ物をそばに置かない

食べものをそばに置けば、「すぐ食べられる状態」に。**報酬不全症候群の人**は、つい食べ過ぎてしまいます。「目の前に置かない」と決めれば、食べる量を制限できます。

食材を買って自分で調理する

弁当やできあいのおかずを購入せず、自炊で手間をかけます。人は苦労するほど何かを得たときの満足感が高まります。つまり、**食事に手間をかければかけるほど**、結果的に食べる量が減ります。

ストレスをため込まない

ストレスがたまると、ストレスを解消するために暴飲暴食をしてしまいます。そのため、日ごろからストレスをためないことが大切です。ストレスを発散する３つの方法（17ページ）を実行すれば、食べ過ぎの予防につながります。

禁止ルールで自分を縛らない

「ラーメンはダメ」「甘いもの禁止」など、禁止ルールを作るのは考えもの。ルールを破ったときに自暴自棄になり、かえって食べ過ぎてしまいます。ときどき**自分を許してあげること**がコツです。

ラーメン

ちょっとした節制を積み重ねる

ダイエットのために、ハードなトレーニングをしても、長続きしません。小さなことでかまわないので、**毎日続けられる運動**を。「継続できること」がもっとも大事。コツコツ積み重ねることを選択しましょう。

エレベーターを
使わず階段で！

ば、**快感が薄くなり、結果的により たくさん食べるようになる**というわけ。遺伝学者カミングスの実験により、「簡単に食べられるもの（例：スナック菓子）を好む人は太りやすいこと」もわかっています。

また、**ストレスを発散するために食べ過ぎてしまう人もいます。**

ダイエットを成功させたい人は、これらの傾向を理解し、「食べ過ぎ」を回避しましょう。

ちょっと＋α

食べる前に運動する習慣をつける

ジョギングやウォーキングは食事の前に行います。人には、矛盾する行動を軌道修正して調整するという傾向があります。「運動する」と「大量に食べる」は矛盾した行動なので、自然に食事の量を減らしたいという気持ちが働きます。

悩み 05

たまっているストレスを買い物やお酒で発散してしまう ムダ遣い＆深酒をなくす方法は？

スナック
わかっちゃいるけど…
コイツ
いつも
これだなぁ
ほら！
しっかりしろ
Bar

知っておこう 何かに依存する人の3つのタイプ

依存する人のタイプは、その対象によって「物質」「プロセス」「人間関係」に分類できます。また、対象によって依存の傾向も違います。

物質依存

- お酒（アルコール）
- タバコ（ニコチン）

お酒はアルコール、タバコはニコチンが依存の原因になります。

プロセス依存

- ギャンブル
- 買い物

ギャンブルや買い物によって得られる快感が依存の原因になります。

馬

人間関係依存

- 親友
- パートナー

関係がこじれると「不快な感情があるのに離れられない」という状態に。

依存症は自分の欲求をコントロールできない

何かに夢中になることは、決して悪いことではありません。大好きなことに熱中すれば、日ごろのストレスも発散できます。

ただし、飲酒や喫煙、ギャンブルなど、**特定の行動を繰り返すことが、日常生活の妨げになるようなら問題あり。**「依存症」の疑いがあります。

この依存症とは、**「快感を与えてくれる刺激に心が支配され、それがなければ不快になる」という心の病**です。自分の欲求をコントロールできなくなるため、正常な社会生活を営めなくなります。

酒がないと
どうも
落ち着かない
ふら
ふら

使える&役立つ

深刻な依存症になる前に脱出する

依存症への流れ

刺激に反応してドーパミンが出る

特定の刺激が脳を刺激すると、ドーパミンなどが出て、快感が得られます。

刺激を繰り返すと快さが減る

同じ刺激を繰り返すことで、得られる快感が少しずつ減ってしまいます。

刺激に飽きる

快感が減ることで、その行動を繰り返さないようになる人もいます。

エスカレートする

刺激が減ったぶん、回数や量で補おうとする人は、依存症への道をたどります。

自分で「依存症の傾向がある」と認めることが、解決の第一歩になります。素直に認め、周囲の人に**協力を求めること**で、深刻な状態になる前に抜け出せる可能性が高まります。ひとりだけで解決しようとしないことが重要です。

抜け出すための方法

①「やめる！」と宣言する
②依存しているものを遠ざける
③友人や家族に相談する
④医師の診断を受ける

依存症の傾向を自分で認めたら、周囲に「やめる！」と宣言します。依存しているものを遠ざける、友人や家族に相談するなど、具体的な行動に出ることが**解決のきっかけ**につながります。早めに医師に相談するのも、良い方法です。

一般的に、**依存の対象は「物質（お酒、タバコ）」「プロセス（ギャンブル、買い物）」「人間関係（親友、パートナー）」の3つに分類**できます。対象が何であれ、生活に支障が出るほど強く依存するようになれば、簡単には抜け出せなくなります。本人が自覚していない場合もあります。

深刻な状態になる前に、**自分で気づき、依存の状態から抜け出す努力をすること**が大切です。

ちょっと+α

人間関係の依存症も医師に相談

「人間関係依存」は不快な感情があるのに、相手に求められていることに自分の存在価値を見出してしまう状態です。「離れたいのに離れられない」「苦しい人間関係を繰り返してしまう」などの状態なら、早めに専門医に相談しましょう。

悩み 06

周囲の人とコミュニケーションをとるのがニガテ！ 積極的に話せる人になるには？

こっち来ない？
ペラ
ペラ
ペラ
おどおど…

知って おこう

会話を避けたくなる気持ちの仕組み

「自分は口ベタ」と自覚している人は、「失敗できない」と思うことで緊張します。同時に「話す＝恥をかく」と自意識過剰ぎみになり、話したくなくなります。

自分は口ベタだ

緊張する（失敗できない）　　話す＝恥をかく（自意識過剰）

話したくない

話はニガテ！
できるだけ
話したくない
ポツン

深刻な症状でなければ、経験を積むことで変わる

異性とふたりきりで話したり、会議で発表をしたりするとき、緊張してうまく話せなくなるのは当然のことです。しかし、ふだんの生活で、周囲の人とコミュニケーションをとることが苦痛に感じるようなら、問題があります。

日常生活に支障が出るほど、会話に対して苦痛を感じる状態を、心理学では**「対人恐怖（社会恐怖）」**と呼びます。この場合、**幼いときに人前で笑われた、学校で恥ずかしい思いをしたなどの経験が原因**となっているケースが多いようです。

使える&役立つ　あせらずに少しずつ経験を積み重ねる

快活で外向的な人の話し方をいきなりマネても、ギャップを感じてしまうだけ。笑顔、目を見る、落ち着いた口調、身ぶり手ぶりなど、**学ぶべきポイント**はたくさんありますが、あせらず**少しずつステップアップ**しましょう。はじめは「あいさつ」から。右のチャートのように、コツコツ積み上げ、苦手意識を克服しましょう。

✕

いきなりステップアップ！

にこやかな
笑顔
ときどき
目を見る
落ち着いた
口調
身ぶりを
加える

○

少しずつステップアップ！

あいさつをする
↓
あいさつ＋天候の話
↓
笑顔をプラスする
↓
相手の目を1回見る
↓
相手の目を2回見る
↓
1分間だけ雑談をする
↓
3分間だけ雑談をする

おはよう
ございます

このように深刻な状態なら、医師に相談する必要がありますが、**一般的に「会話が嫌い」というレベルなら、経験をたくさん積むことで克服できます。**このとき大切なのは、コツコツ少しずつステップアップしていくこと。**「赤面」「声のふるえ」「声のうわずり」なども、経験を積むことで改善できます。**

ちょっと＋α

「内向的な性格＝欠点」ではない

分析心理学者ユングは、人の性格を「内向型」と「外向型」に分類しました。一般的に人づきあいがニガテな人は「内向型」とされますが、これがダメというわけではありません。「内向型」には、周囲に惑わされず、自分の意思を貫けるという長所があります。一方、「外向型」には、ささいなことで落ち込みやすいという短所があります。

悩み 07

人に嫌われたくないから、自分の意見が言えない
意見が言える人になるには？

○○さんは
どう思う?
みなさんと
同じです

知って おこう 「言えない」状況に陥りがちな2つの場

一般的に、上下関係があるとき、または特定のグループに属しているときに「言いたいけど自分の意見が言えない」という状況が発生します。

上下関係が成立している場

会社の上司と部下など、上下関係が明確な場合、下の人が意見を言うのはたいへん。嫌われたくない気持ちが働きます。

グループ内に「集団思考」が働く場

わいわい

特定のグループ内には「集団思考」が働くため、自分なりの考えを発言しにくくなります。

集団思考
アメリカの実験心理学者アーヴィング・ジャニスが研究。「集団思考」とは、集団で合議を行うとき、不合理または、危険な意思決定がなされる傾向があることを指す言葉。

場の空気を読みつつ さりげなく意見を主張する

一般的に、人が人とつきあうとき、相手の好意を得ようとする気持ちが働きます。**相手が自分より上の立場の場合は、この行動は「取り入り」と呼ばれます。**このときは、好意を得ることが第一なので、自分の意見を主張することが難しくなります。

一方、**特定のグループには、「集団思考」と呼ばれる力が働きます。**特定の意見に傾くと、ほかの反対意見を排斥するようになるため、正当な理由があっても、反対意見を出しにくくなります。

「言いたいことを言えない」状態が

言いたいけど
言いにくいなぁ
キョロ
キョロ

使える&役立つ　上下関係→「クッション言葉＋論理」で意見を言う

いきなり自分の意見をぶつけると角が立ちます。下のような**クッション言葉**を入れ、表現をやわらげることが第一。また、感情に訴えるのではなく、論理で相手を**説得するという気持ち**で表現すれば、相手に受け入れてもらいやすくなります。

ごもっともな
お話ですが……

クッション言葉

- **たいへん僭越ですが～**
- **ごもっともなお話ですが～**
- **ご意見なるほどとは思いますが～**
- **私の勘違いかもしれませんが～**
- **より完璧を目指すのであれば～**

使える&役立つ　集団思考→第三者の立場から意見を言う

グループのメンバーの「正しくありたい」「周囲に好かれたい」という気持ちが「集団思考」に結びつきます。メンバーの**意見を尊重しつつ**、「もしかすると……」「今気づいたけれど……」などの表現を使いつつ、第三者の立場で考え、発言しましょう。

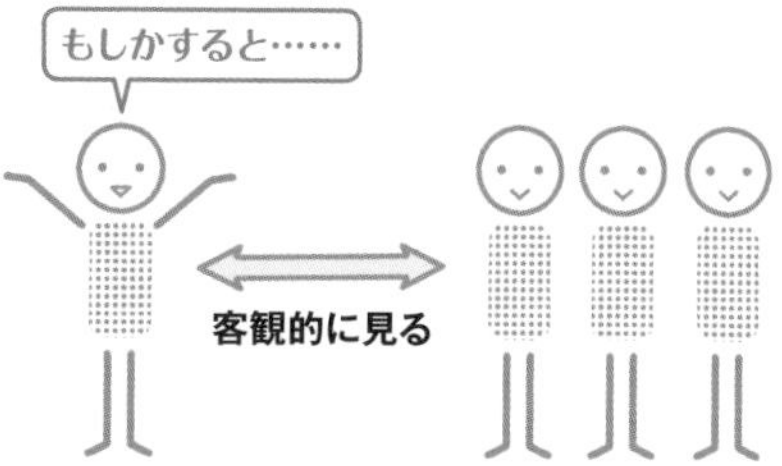
もしかすると……
客観的に見る

グループのみんなに「同調」する理由

- **正しくありたいから…………　規範的影響**
- **周囲に好かれたいから………　情緒的影響**

続くと、ストレスがたまります。**場の空気を読む一方で、上手に自分の意見をアピールする方法を学びましょう。**

目上の人には「クッション言葉＋論理」をセットにして、おだやかに主張します。集団思考の場合は「もしかすると……」など、丁重な言葉を枕にして「第三者の立場」で発言し、さりげなく主張します。

ちょっと＋α

『裸の王様』の民衆の気持ちは？

童話『裸の王様』に登場する民衆は、王が裸であることを指摘できません。なぜなら、まず「王様と民」の上下関係が成立しており、同時に「布が見えない＝バカと思われたくない」気持ちも働いたからです。社会的な規範や人の目を気にしない子どもだからこそ、王様が裸であることを指摘できた、と言えます。

悩み 08

ちょっとしたミスですぐに落ち込む、くよくよする 繊細な自分を変えるには?

それじゃダメだろ!
やっぱりオレはダメだ…

知っておこう 自己評価が低い人はささいなことで傷つく

ミスや失敗をしたとき、自己評価が低い人は「問題を解決できない」と考えます。一方、自己評価が高い人は「クリアできる」と楽観的にとらえます。

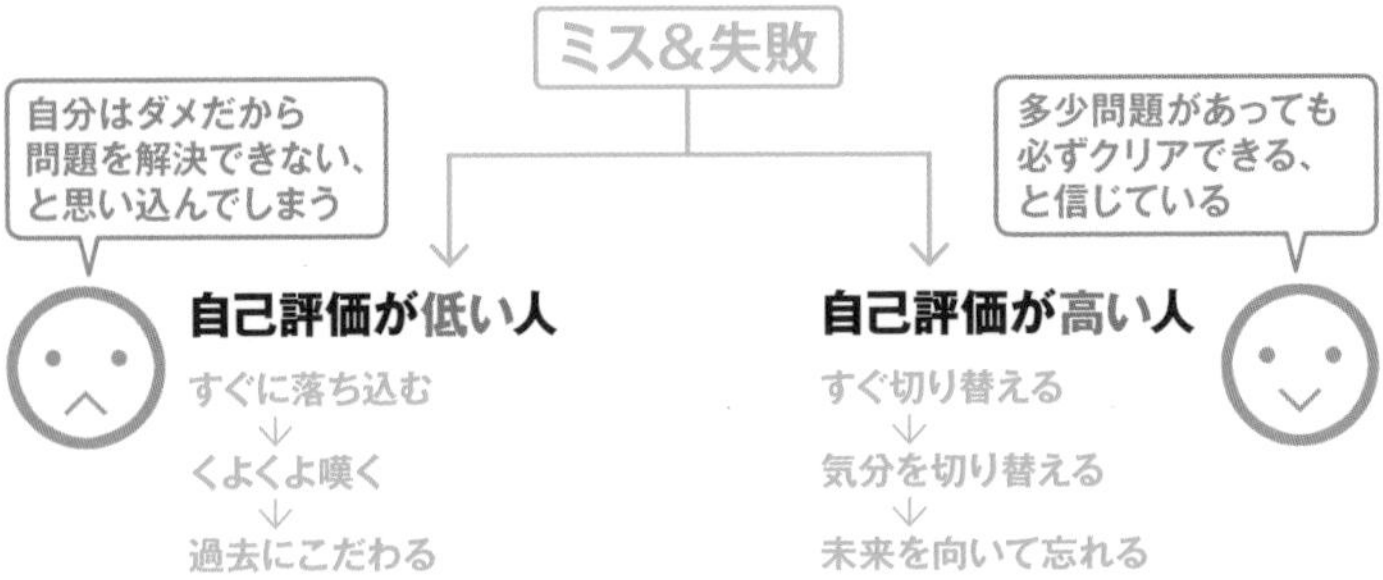
ミス&失敗
自分はダメだから問題を解決できない、と思い込んでしまう
自己評価が低い人
すぐに落ち込む
くよくよ嘆く
過去にこだわる
多少問題があっても必ずクリアできる、と信じている
自己評価が高い人
すぐ切り替える
気分を切り替える
未来を向いて忘れる

自己評価を高めればくよくよ悩まなくなる

「注意された」「イヤミを言われた」など、ささいなことで傷ついてしまう人は、一般的に、自己評価が低いと言えます。自己評価とは自分に対する自分の評価のこと。自己評価が低い人は自信がないため、**ミスや失敗をしたとき、「どうせ自分はダメだ」と考えます。**

一方、自己評価が高い人は、ミスや失敗をしたときも、**「自分なら必ず問題を解決できる」と前向きにとらえます。**一時的に落ち込むことはあっても、気分を切り替え、積極的に次の行動に移ります。

私なんかどうせダメだから
ポツン

使える&役立つ 自己効力感を高める4つのアプローチ

❶❷❸は成功体験を自覚することで**自信を深める方法**。漠然と思い出すのではなく、声に出す、ノートに書くなど、具体的な行動で再確認すれば効果が高まります。❹は第三者の**力を借りる方法**ですが、「声に出して自分を励ます」というやり方でも効果はあります。

❶ 達成体験 ……………

「自分で行動し、
何かをなしとげた」
小さな成功体験を
積み重ねる。

❷ 代理経験 ……………

身近な人の
成功体験を見て
「自分にもできるかも」
という気持ちを持つ。

❸ 生理的情緒的高揚 ……………

「ニガテな状況」を
うまく切り抜けたことで、
「自分もできる」
と信じられる。

❹ 言語的説得 ……………

身近な人に、繰り返し
「あなたならできる」
と励まされたため、
自信がわく。

つまり、くよくよする自分にサヨナラしたいなら、自己評価を高める必要があります。**自己評価を高くするためには、自**《じ》**己**《こ》**効**《こう》**力**《りょく》**感**《かん》**（自己に対する信頼感や有能感）が得られる経験を積むことが大切です。**ここでは、「達成体験」「代理経験」「生理的情緒的高揚」「言語的説得」という4つのアプローチを紹介します。自己効力感を満たして、自分の評価を高める努力をしましょう。

ちょっと+α

「ストップ法」で落ち込みを回避

アメリカの心理学者ポール・G・ストルツは、失敗を気にしすぎる人に対して、「ストップ法」を提唱しました。これは、心が落ち込んだ瞬間に「ストップ！」と声を出してマイナスの感情を外に飛散させる、という方法です。

悩み 09

自分のミスだとわかっていても、どうしても認めたくない
素直に謝れる人になるには?

私たちが悪いのに…
私のせいではありません!
どうするつもりだっ!
バン!バン!

知っておこう　外的統制型と内的統制型の違い

失敗の原因をどこに求めるか（統制の位置）で、その人の行動の傾向がわかります。「外的統制型」は原因を自分以外の外に求め、「内的統制型」は自分のなかに求めます。

しょうがない
申し訳ございません

失敗をしたときの反応・対応の違い

ポイント	外的統制型	内的統制型
責任のありか	他人または外的要因	自分
謝罪	×謝罪しない	○謝罪する
失敗の原因	×追求しない	○追求する
改善・対策	×改善しない	○改善する

自分の非を認めない人は信頼を失って孤立する

「自分が悪い」と思っていても、**素直に謝れない人には、「謝罪＝自己否定」という心理が働いています。**「自分の存在そのものを否定することになる」と思い込んでいるため、頭を下げることができません。

　また、**素直に謝らない人は、ミスをしたときに「外的統制型」の反応・対応をする傾向があります**（上の欄を参照）。責任のありかが自分にはないと信じ込むため、謝罪はもちろん、失敗の原因を探ろうとしたり、今後の対策を考えたりすることもありません。

私のせいじゃないからね!
フン

使える＆役立つ　これをやると信頼を失う！

失敗をしたときは、**心から謝ること**が何よりも大切です。謝らない、謝っても口先だけという態度を繰り返せば、信頼を失い、周囲の人が離れていきます。この流れを頭に入れ、**素直に謝れる人に**なりましょう。

失敗＝自分の責任

謝る

心から謝る
↓
周囲に納得してもらえる。ときには、励ましてもらえる。
↓
反省点を次に活かし、次回は成功する。
↓
信頼される

自分の非を認め、心から謝れば、周囲の人も納得します。失敗を反省し、その経験を次回に活かすことで、信頼される人になれます。

口先で謝る
↓
プライドの高さが見え隠れするため、周囲に納得してもらえない。
↓
本心で責任を認めていないため、また失敗。
↓
非難される

口先だけで謝っても、周囲の人にはバレてしまいます。本心から反省していないため、同じ失敗を繰り返し、強く非難されます。

謝らない
↓
プライドを守るために、責任転嫁をする。
↓
周囲の人に嫌われ、敬遠されるようになる。
↓
孤立する

自分の非を認めないため、言い訳や責任転嫁が目立ちます。周囲の人がしだいに敬遠するようになり、結果的に孤立します。

いずれにせよ、**自分の失敗を素直に謝れない人は、いずれ社会的な信頼を失います。**「誠意がない」「礼儀を知らない」などの評価が定着し、最終的には孤立してしまいます。

自分にその傾向があると思い当たる人は、一度、「信頼を失う流れ」を確認してみましょう。**一度、心から謝ることができれば、二度目はもっと簡単になります。**心を開き、意固地な自分と決別しましょう。

ちょっと＋α

「自罰感情」が強い人も要注意

自分で自分を処罰しようとする欲求自罰(じばつ)感情が強い人は、明らかに自分の責任ではないことを抱え込もうとします。自分を精神的に責めることで、罪悪感を軽くしようとするわけです。このような思い込みが強すぎると、うつ病の要因となることもあるため、注意が必要です。

悩み 10

突発的に怒りの感情がわき上がっておさまらない！ 怒りをコントロールする方法は？

いい加減にしろよ!!
おまえらたるんでるぞ
ひ〜っ

知っておこう 怒りをぶつけられた人の気持ちを知る

怒りをぶつけられた人は、当初、嫌な気分や嫌悪感が先に立ちます。その後、時間が経過すると、反感、怒り、恨みなどの感情がわいてきます。

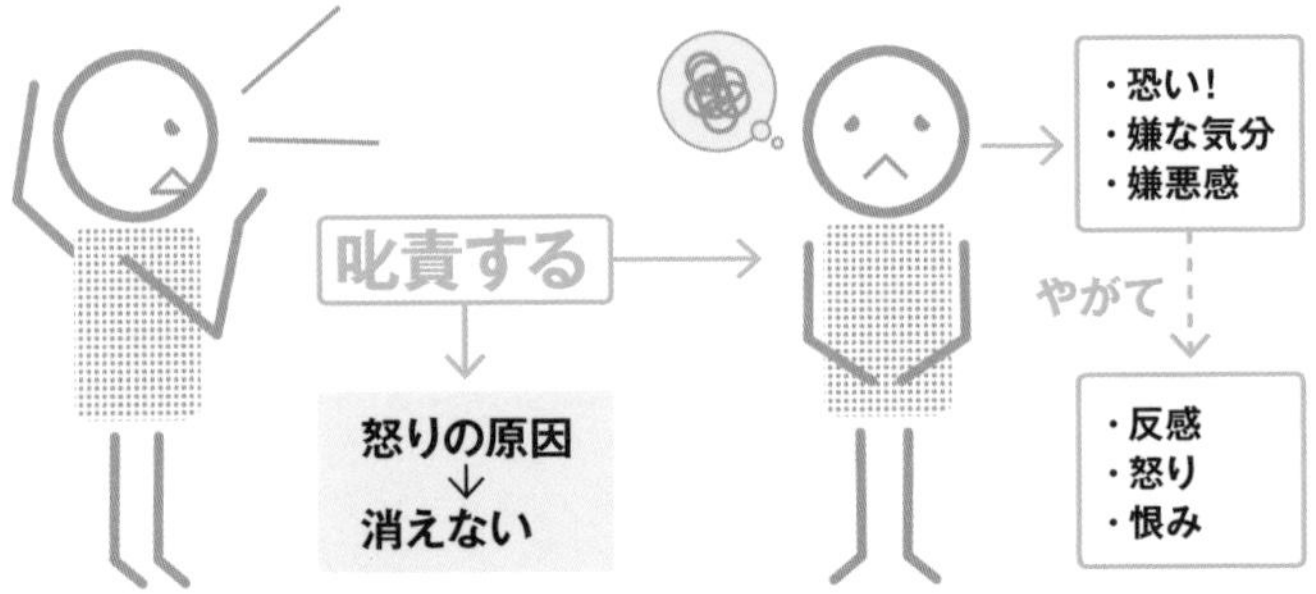

叱責する
怒りの原因
↓
消えない
・恐い！
・嫌な気分
・嫌悪感
やがて
・反感
・怒り
・恨み

ふたりの自分が相談して怒りをコントロールする

怒りにまかせて、どなりちらしたことはありませんか？　他人の行動にイライラして、つい声を荒らげたことはありませんか？　相手に**怒りをぶつければ、一時的にスッキリしますが、問題は解決しません。**

一方、**叱責された相手は、ネガティブな感情を抱きます。**人間関係にヒビが入るのも、めずらしいことではありません。つまり、良いことは何もありません。

身に覚えのある人は、突発的な怒りをコントロールする方法を学んでおきましょう。ここで紹介する「自

怒りがバクハツ
キーッ

使える&役立つ 「自己説得法」で冷静さを取り戻す

怒りがわいた瞬間、状況を確認し、**怒りの理由が正当か**を考えます。さらに「もうひとりの自分」と相談しながら、以下の流れをたどります。解決策をあれこれ模索している間に、自然に怒りがおさまります。

怒りがわいた
↓
置かれている状況を確認
↓
怒りの理由が正当かどうかを考える
↓

- **正当な理由がある**
  ↓
  怒りが消える方法を考える
  ↓
  - **方法がある**
    ↓
    実行したときの結果を予測する
    ↓
    怒りが残っているかどうかを確認 ---→ 残っていれば別の方法を試す
  - **方法がない**
    ↓
    怒る時間がムダだ、と言い聞かせる
- **正当な理由がない**
  ↓
  見当違いな怒りであることを認めるように、自分を説得する

己説得法」は、**自分のなかにもうひとりの自分を設定し、その自分と冷静に話し合うことで怒りを抑制する手法**です。

怒りがわいた瞬間、まず「自分の置かれている状況」をつかみ、そのあと「自分の怒りに正当な理由があるか」と問いかけます。さらに、理由のある・なしに従って、もうひとりの自分と向き合いながら、解決策が見つかるまで検討します。

ちょっと＋α

その場から立ち去る方法も有効

突発的な怒りの感情は、短時間でおさまります。しかし、目の前に原因となるもの、または人がいる場合、おさまりかけた怒りが再びこみ上げてくることがあります。自分の目に入らないように、その場から立ち去ってしまうという方法は、シンプルですが効き目があります。

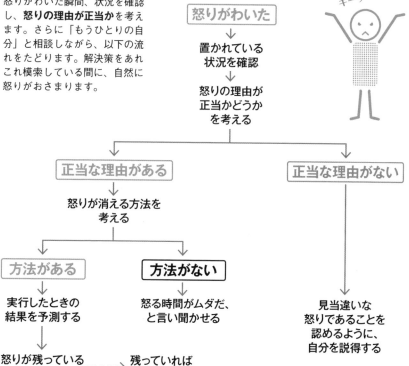

寝相でわかる！ あなたの性格

アメリカの心理学者サミュエル・ダンケルが人の寝姿を調査しました。
その結果、次のような寝相と性格の関係がわかりました。

半胎児型

横向きで、ひざを少し曲げた姿勢。バランスのとれた性格です。ストレスをため込まず、物事をスムーズに処理できるタイプ。

王様型

あおむけで、のびのびした姿勢。堂々とした自信家で、おおらかな人が多い傾向があります。隠しごともあまりないタイプ。

胎児型

横向きで、胎児のように体を丸めた姿勢。依存心が強めです。自分をさらけだすことが得意ではありませんが、心を開いた人にはべったり親しくなります。

囚人型

横向きで、足首や手首を交差させた姿勢。人間関係などでストレスを抱えていたり、物事がうまくいかず悩んでいたりする可能性があります。

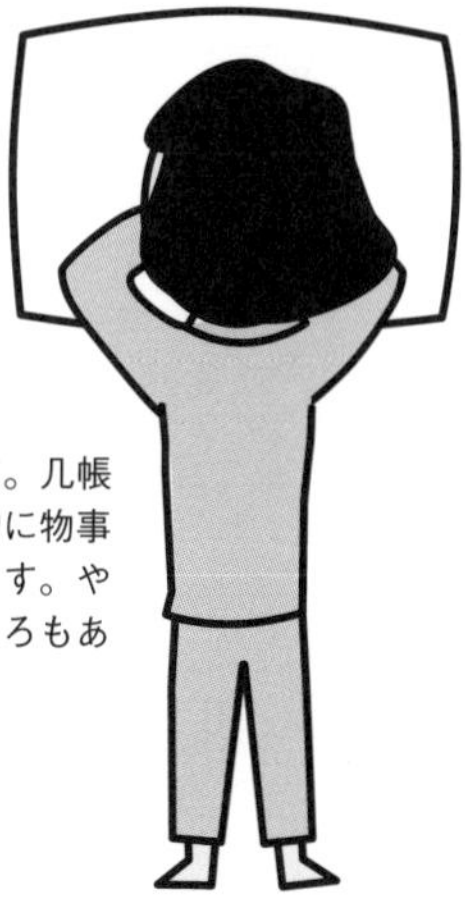

うつぶせ型

うつぶせの姿勢です。几帳面で真面目。計画的に物事を進めるのが得意です。やや自己中心的なところもあります。

スフィンクス型

背中を丸め、ひざを折った姿勢です。無意識に眠るのを拒否しているので、眠りが浅いのが特徴。攻撃的な一面も見られます。

こんな寝相は?

布団や抱き枕に脚をからませている
欲求不満な状態が続いているのかもしれません。

布団にすっぽり包まれている
思慮深く慎重な性格な人がとる姿勢です。

膝を立てて寝ている
繊細で短気な性格の人がしやすい寝相です。

はみ出し
コラム
1

ウソをつく人の心理は？

本当は
ほかの女の子と
デートして
たんだけど
昨日は残業で
メール返せなかったよー

人間関係を円滑に保ちたい気持ちの表れ

　じつは浮気していたのに、「昨日、何してたの？」とパートナーに聞かれたら、何と答えますか？

「え、どうして？」と理由を聞いてしまう人は、ウソがヘタ。返答を避けている印象を与え、ウソがバレる原因になります。

　また、詳細に答えてしまう人も要注意。人はうしろめたいことがあると、つい余計なことをしゃべってしまうものです。

　一方、「家で寝てた」と答えられる人は、さりげなくウソがつけるツワモノです。

　ところで、どうしてウソはバレるのでしょうか？ 人間はウソをつくと「ソワソワする」「顔をよく触る」「つばを飲み込む」など、行動が不自然になると言われています。

　ある研究によると、ウソがバレる確率は27パーセントだったそうです。つまり、たいていのウソはバレないのです。ウソは考えものですが、ときに人間関係を円滑にします。ウソをつくなら「絶対にバレない」つもりで、堂々とふるまいましょう。

自分のことが
スッキリわかる

テスト1

王子様と結ばれたあとのシンデレラは？

めでたく王子様と結ばれたシンデレラ。
もしもこの童話の続きにもう１ページあったとしたら、
あなたはこのあとシンデレラがどうなると思いますか？

Ａ 国が攻め滅ぼされてしまった

Ｂ 子どもに囲まれ、幸せに暮らした

Ｃ さらに別のビジネスをして大成功し、国民に愛された

診断

あなたの
成功を避ける傾向
がわかります

人は周囲の嫉妬、プレッシャー、成功したあとの失敗を恐れ、無意識に成功を回避する傾向があります。予想した展開によって、成功回避傾向がわかります。

Ⓐ 成功回避傾向がかなり強い

ネガティブな展開を想像したあなたは、成功回避傾向がかなり強いです。成功と失敗をセットで考え、新しいことに挑戦できない、恋愛で相手に嫌われる行動をとってしまうといった傾向があるかも。

Ⓑ 成功回避傾向があまり強くない

順当な展開を想像したあなたは成功回避傾向があまり強くありません。無難な成功やある程度安定した生活を求め、それに向かって努力できます。もっとも地に足のついたタイプです。

Ⓒ 強く成功を求めすぎる

さらなる大成功を求めたあなたは、強く成功を求めすぎるタイプ。とても前向きでエネルギッシュな性格といえます。ときに現実が見えず、届かない成功だけを夢見てしまうこともあるので気をつけましょう。

自分を高めるアドバイス

「思うこと」「行動すること」から始めよう

成功回避傾向が強い人は、まずは不安な自分を受け入れましょう。「本当は成功したいんだ」と思い、少しでも行動を起こすことが成功への第一歩です。

パート

2

毎日の暮らしが快適になる！心理学

占いを信じたり、行列店に並んだり、
車の運転が荒くなったり……。
日常生活の何気ない光景からも、
人間の心理を読み解くことができます。
心理学を使って毎日を
より良く暮らしていく方法を紹介します。

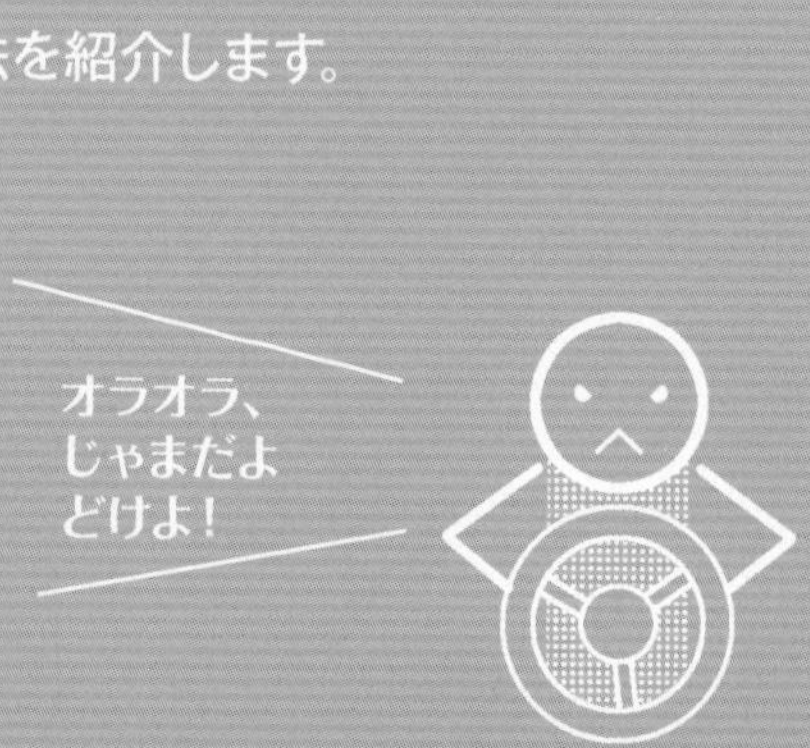
オラオラ、
じゃまだよ
どけよ！

占いが大好き！ でも、冷静に考えると的はずれなことも……
占いを信じてしまうのは、なぜ？

お昼いこーよ♪
ごめーん。今日は弁当なんだ～！
占いに屋外でのトラブルに注意って書いてあったんだよね

知っておこう 自己評価が低い人は悪い結果を信じる

「良い結果」を信じるのは問題がありません。しかし、自己評価が低い人は、「悪い結果」だけを信じて気にする傾向があるので、注意が必要です。

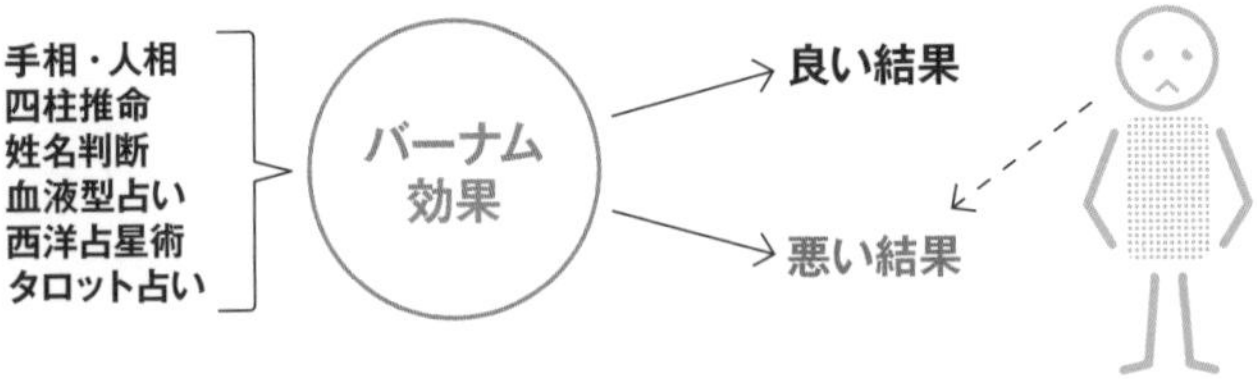
手相・人相
四柱推命
姓名判断
血液型占い
西洋占星術
タロット占い
バーナム効果
良い結果
悪い結果

バーナム効果
だれにでも当てはまる分析をされると、自分に当てはまっていると勘違いしてしまう現象のこと。アメリカの心理学者ポール・ミールが、興行師バーナムの言葉（「だれにでも当てはまる要点というものがある」）から名づけた。

こんなに当たるのは、どうして？

診断のパターンを知れば結果に驚かなくなる

人には自分のことをもっとよく知りたいという欲求（自己認知欲求）があるため、占いは安定した人気があります。しかし、**ほとんどの占いは、はじめから当たるようにできています。**たとえば「人間関係の悩みがある」「協調性はあるが、頑固な一面もある」などは、ほとんどの人に当てはまる診断です。

このように、**答えがあいまいなのに、「自分だけに当てはまる」と考えてしまうことを「バーナム効果」といいます。**そして、「当たっている！」と思い込んでしまうと、さらに診断

使える&役立つ

「バーナム効果」を生むフレーズとは？

「バーナム効果」を生むフレーズは、**白か黒かはっきり断定しない点**が特徴です。「○○の一方で、△△の傾向がある」「○○するときもあるが、□□してしまうときもある」という言い回しで範囲を広げれば、当てはまらない人のほうが少数派となります。

フレーズ例

1. あなたは、他人から称賛されたいと思っている一方で、自分に対する評価を低く見積もる傾向があります。
2. あなたは、礼儀正しく、自信があるように見えますが、内心は不安なことも多く、くよくよ悩むこともあります。
3. あなたには、まだまだ「のびしろ」があります。自分では気づいていない、大きな才能が隠されています。
4. あなたには、だれにも打ち明けていない大きな目標があります。あなたなら、その夢をかなえられます。
5. あなたは、大好きなことに懸命に取り組むタイプです。夢中になると周囲の人に迷惑をかけることもあります。
6. あなたは、外向的で愛想の良い面もありますが、内向的になり、人づきあいが面倒になることもあります。
7. あなたは、正しい対応をしたか、正しい判断をしたか、と不安になり、真剣に考え込んでしまうときがあります。

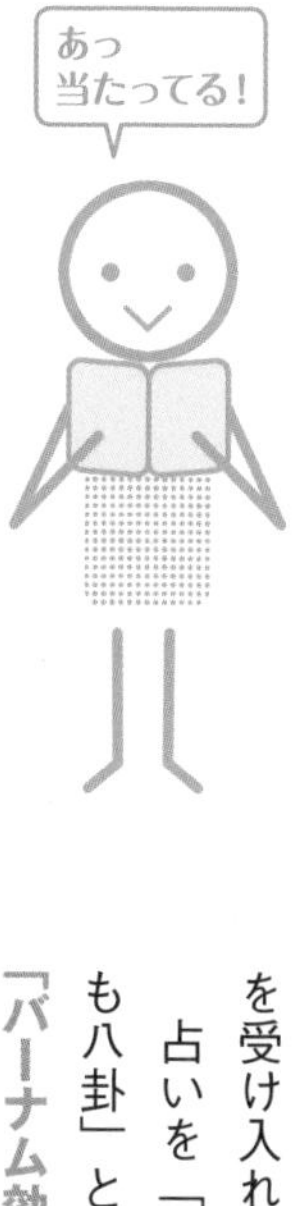

を受け入れやすくなります。

占いを「当たるも八卦、当たらぬも八卦」と気楽に考えられない人は、**「バーナム効果」を生む代表的なフレーズ（上記）をチェックしてみましょう。**似たような言い回しを聞いたり読んだりしたとき、**「ああ、このパターンね」と余裕を持って受け止めることができるようになります。**

ちょっと+α

バーナム効果を仕事に応用する

バーナム効果はコミュニケーションの「潤滑油」として使うことも可能です。「○○さん、○○に不安はありませんか？」など、当たり障りのない悩みを聞くことで、自分に当てはまっていることだと感じてもらいやすいです。だれもが抱えている悩みでも、「あなた」や「名前」を付け加えるだけで特別感を作り出し、相手との距離がグッと近づきます。

SNSや動画配信サイトに莫大な時間を費やしてしまう

スマホ依存症にならない方法とは？

知っておこう

「わくわく」の気持ちで依存度が増す

行動の頻度は報酬で決まります。「全強化」で毎回報酬があると、次第に関心は薄れます。一方、不確定な「部分強化」では期待が高まり、依存しやすくなります。

行動
- 全強化 → 毎回必ず 報酬や見返りがある → **関心が薄れる**
- 部分強化 → ときどき 報酬や見返りがある → **わくわくする**

新しい人間関係を作ればスマホ依存から脱出できる

時代とともにコミュニケーションの形は変化しています。SNSが普及したため、ラインやインスタ、フェイスブックなどが盛んに使われるようになりました。**手元にスマホがなければ不安になる人は、依存しているといえるかもしれません。**

この依存は「関係嗜癖《しへき》（人と人との関係に依存する傾向のこと）」と呼ばれるもので、行動を繰り返すことで依存性が高まります。これを説明するのが「強化」という考え方。上図のように、**報酬や見返りが確かではない「部分強化」の状態のほうが、**

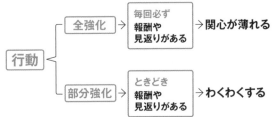

使える&役立つ 一緒に行動できる仲間を探す

心理学者マズローの説では、「愛情欲求」は50％以上、「承認欲求」は40％以上を達成できれば、最上段の「自己実現欲求」に向かえるとされています。ここでは、**成長して能力を磨き、その力を発揮して社会に貢献したいと願う**ようになるため、スマホへの依存から抜け出せます。

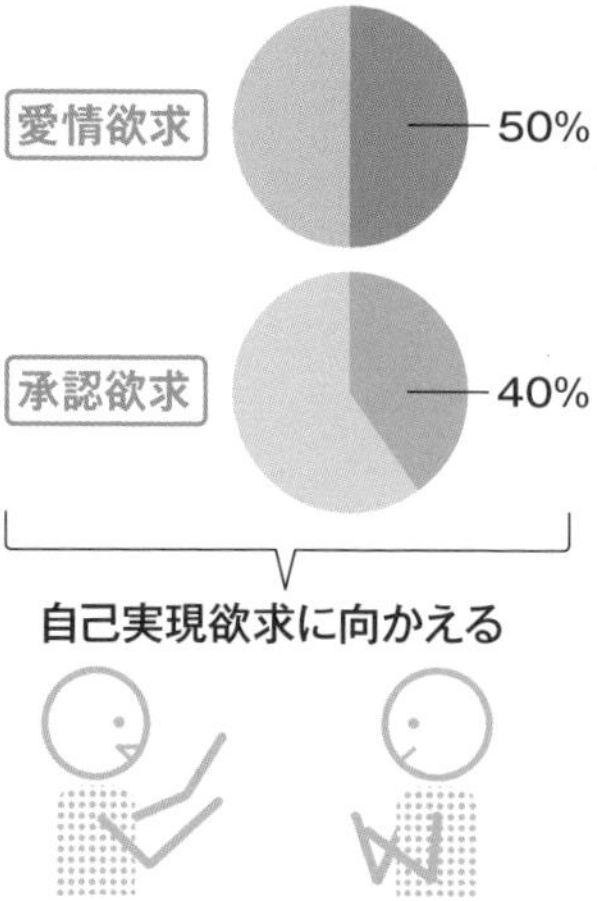
愛情欲求
50%
承認欲求
40%
自己実現欲求に向かえる

マズローの欲求の5段階説

睡眠や食事の生理的欲求、安全が保障される安全欲求をクリアすれば、愛されたい愛情欲求、存在を認めてほしい承認欲求へ移行。その上に自己実現欲求があります。

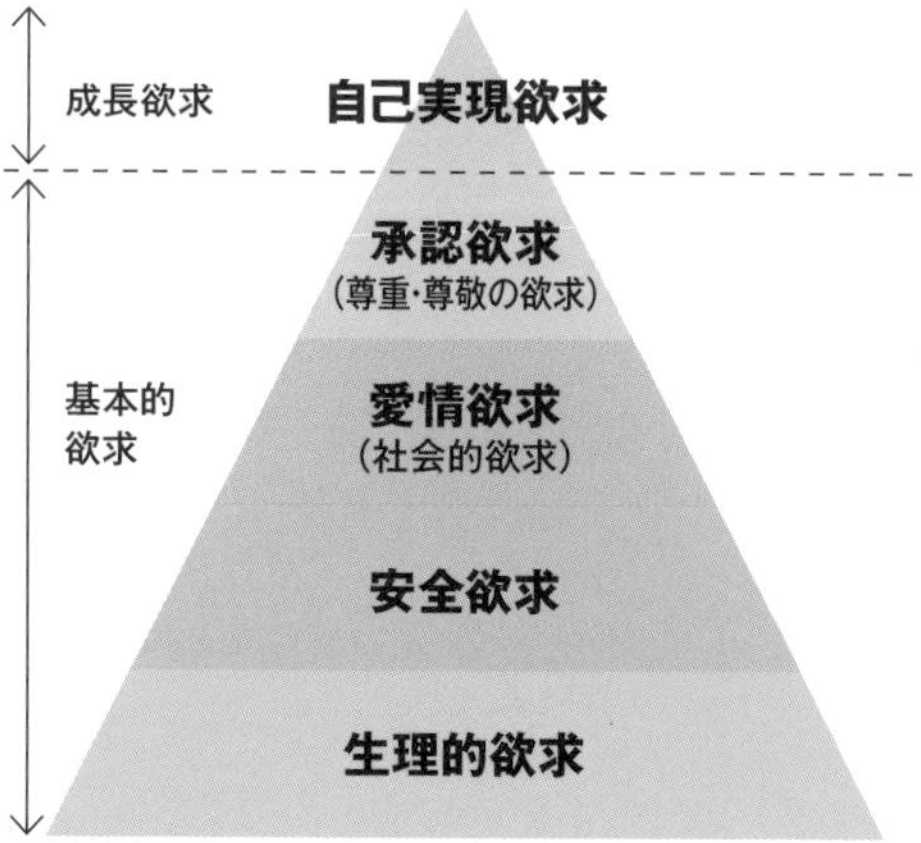
成長欲求
自己実現欲求
承認欲求
（尊重・尊敬の欲求）
基本的欲求
愛情欲求
（社会的欲求）
安全欲求
生理的欲求

マズローの欲求の5段階説
アメリカの心理学者アブラハム・マズローによって提唱されたモチベーション理論。人間の欲求を5段階に分類し、それらが階層構造をなしているとした説。人は低次元の欲求が満たされれば、さらに高次の欲求を満たすべく行動するとされている。

気持ちがわくわくして、より依存しやすくなるのです。

この状態から抜け出すために、視点を変えてみましょう。マズローの「欲求の5段階説」に従えば、これらの依存は「愛情欲求」や、他人から認められたい「承認欲求」が不足していると考えられます。**積極的に人に会い、新たな仲間を増やせば、これらの欲求が満たされ、依存状態から脱出できるかもしれません。**

ちょっと＋α

オンラインゲームはもっと危険？

多人数が参加するオンラインゲームは、仲間との友情や連帯を実感できるため、メールよりも依存症になりやすいといえます。食事や睡眠の時間も惜しんでゲームをするようになったら要注意。重度の依存症になってしまうと、自分の力では抜け出せなくなります。

行列店に並びたくなる心理は？

並んでいる人がたくさんいる店なら、たぶん失敗はしない

ラーメン
五郎
ねーお昼
どうする?
行列ができてるから
あそこに入ろうよ!
きっとおいしいはず

知っておこう

「認知的ケチ→同調」の流れ

「認知的ケチ」とは、判断のための労力を惜しむ心理的傾向。まわりの人に合わせていれば（同調すれば）失敗はしないと考えてしまいます。

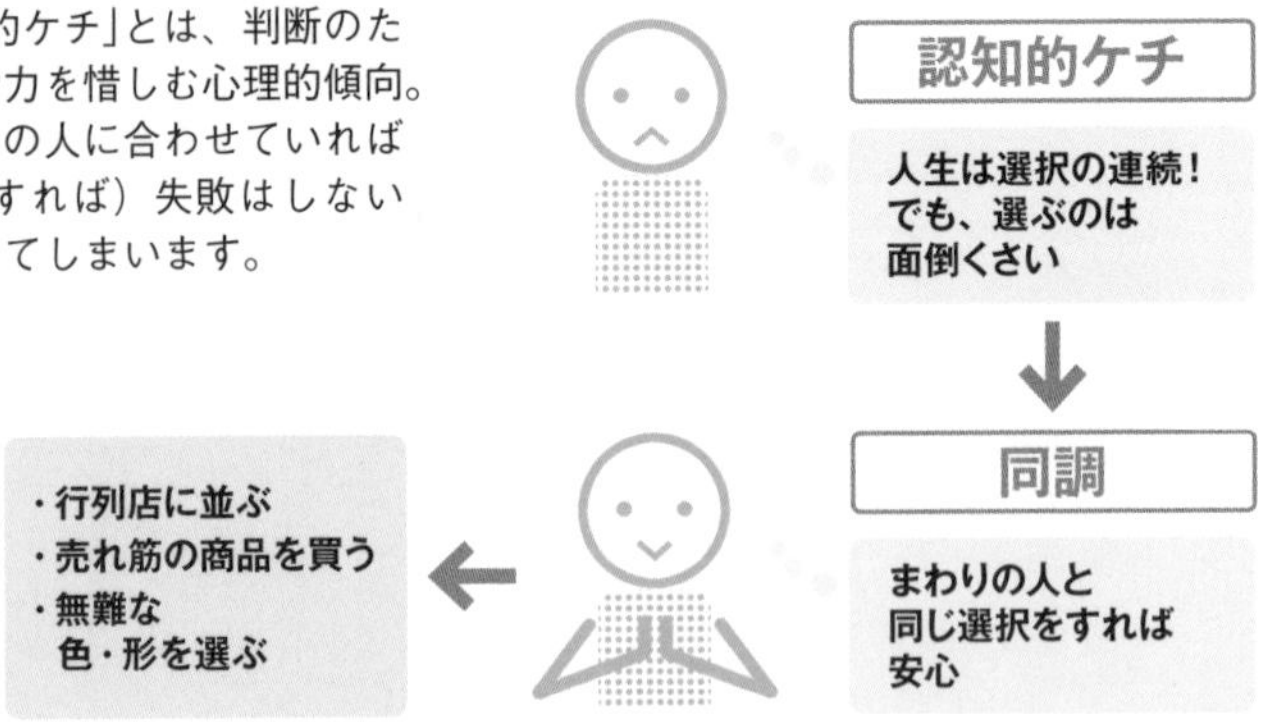
認知的ケチ
人生は選択の連続！
でも、選ぶのは
面倒くさい
同調
まわりの人と
同じ選択をすれば
安心
・行列店に並ぶ
・売れ筋の商品を買う
・無難な
色・形を選ぶ

同調の仕組みがわかれば自覚して選択できる

行列店に並ぶのは「面倒くさいからやめておこう」とあきらめる人がいます。一方で、「行列ができているのだからおいしいはず。だから自分も並ぼう」と考える人もいます。

私たちは毎日、たくさんのことを選択しながら生きています。物を買うときも食事をするときも、何かを選ばなければ先へ進めません。しかし、**その選択には必ず労力がかかります。**その意味では、「みんなが並んでいる」という理由だけで行列店に並ぶ人は、その労力を省いていると考えることができます。

並んでるね
私たちも
並ぼうよ!

使える&役立つ　なぜ、周囲に合わせてしまうのか

「同調」の心理の裏には、**「安心したい」「好かれたい」「間違いたくない」**という気持ちが働いています。まず、この仕組みを理解しましょう。そして、同調するときは、この仕組みを思い出し、自分の気持ちを再確認しましょう。無自覚に同調を繰り返していると、つねに「みんなと同じでいい」と考えるようになります。最終的に、自分では何も判断できない人になってしまうかもしれません。

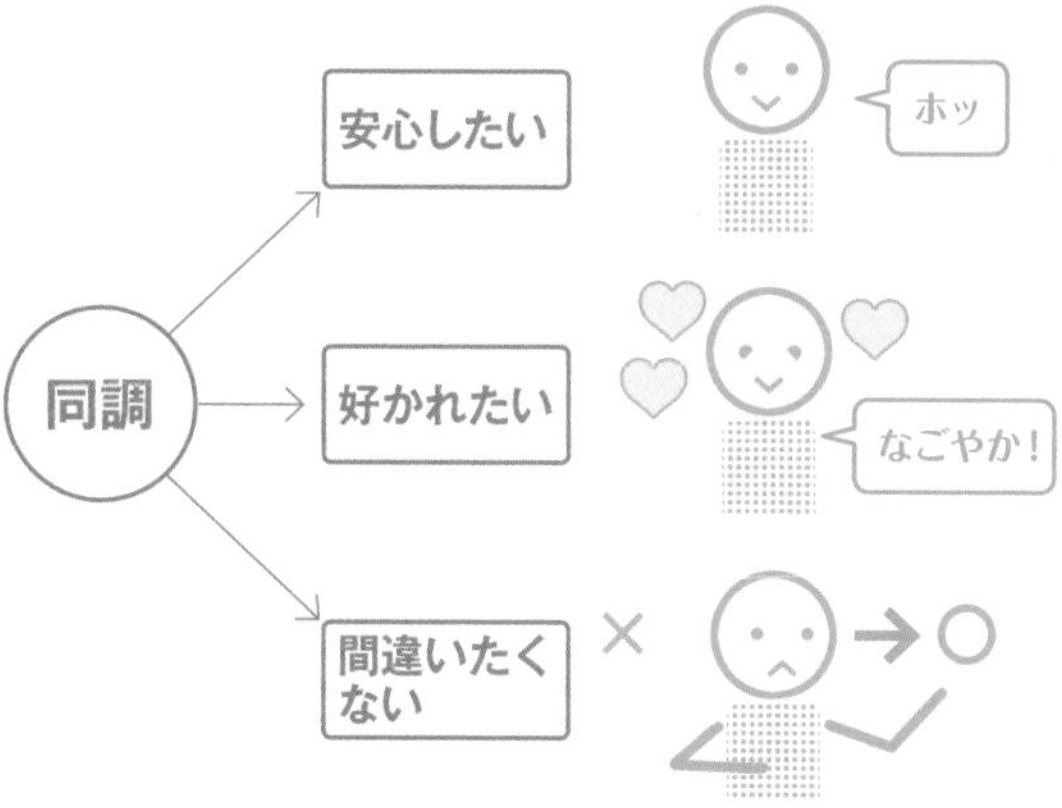
同調
安心したい
ホッ
好かれたい
なごやか！
間違いたくない
×
→○

同調心理を賢く利用して、相手にYesをもらう方法

「同調」の仕組みを理解したうえで、言い回しを工夫すれば、他人からOKをもらいやすくなります。「AよりBが好評～」「スタッフ全員で決めた～」「みんな行くけど～」など、**相手の同調したい気持ちを刺激するフレーズをプラスしてみましょう。**この方法は、ビジネスの交渉事でも使えます。

AよりもBが好評です。あなたはどっちが好き？
スタッフ全員で決めたことだけれど、それでいい？
みんな行くけれど、○○さんは？
うんうん

このような心理傾向は「認知的ケチ」と呼ばれるもの。労力を少なくするのは決して悪いことではありませんが、もし、**この傾向を自分でコントロールしたいと考えるなら、「同調」の仕組みを理解しましょう。**「今、みんなに合わせようとしているな」と自覚できるようになれば、同調効果によって流されることがなくなります。**結果的に、行動の選択肢が広がります。**

ちょっと＋α

日本人がブランド好きな理由は？

日本人はもともと「同調」の傾向が強いと言われています。そのため、高価なブランド品でも、「みんなが持っているなら、ムリをしても欲しい」という気持ちが働きます。同時に、あこがれのセレブに一歩でも近づきたいという願いが、ブランド品を購入する大きな動機になっています。

曲の選び方やパフォーマンスで人となりがわかってしまう

カラオケで性格がわかる？

次、一緒に
歌おーぜ
新曲!!
ゴメン… オレ、
歌ニガテで…

知っておこう 目立ちたがりの人がエスカレートする流れ

「自意識過剰になる」程度であれば問題はありませんが、「喝采願望」が生まれるようなら要注意。これは「大きな称賛や尊敬をつねに得たい」と考えるようになる状態。この願望がエスカレートすると危険です。

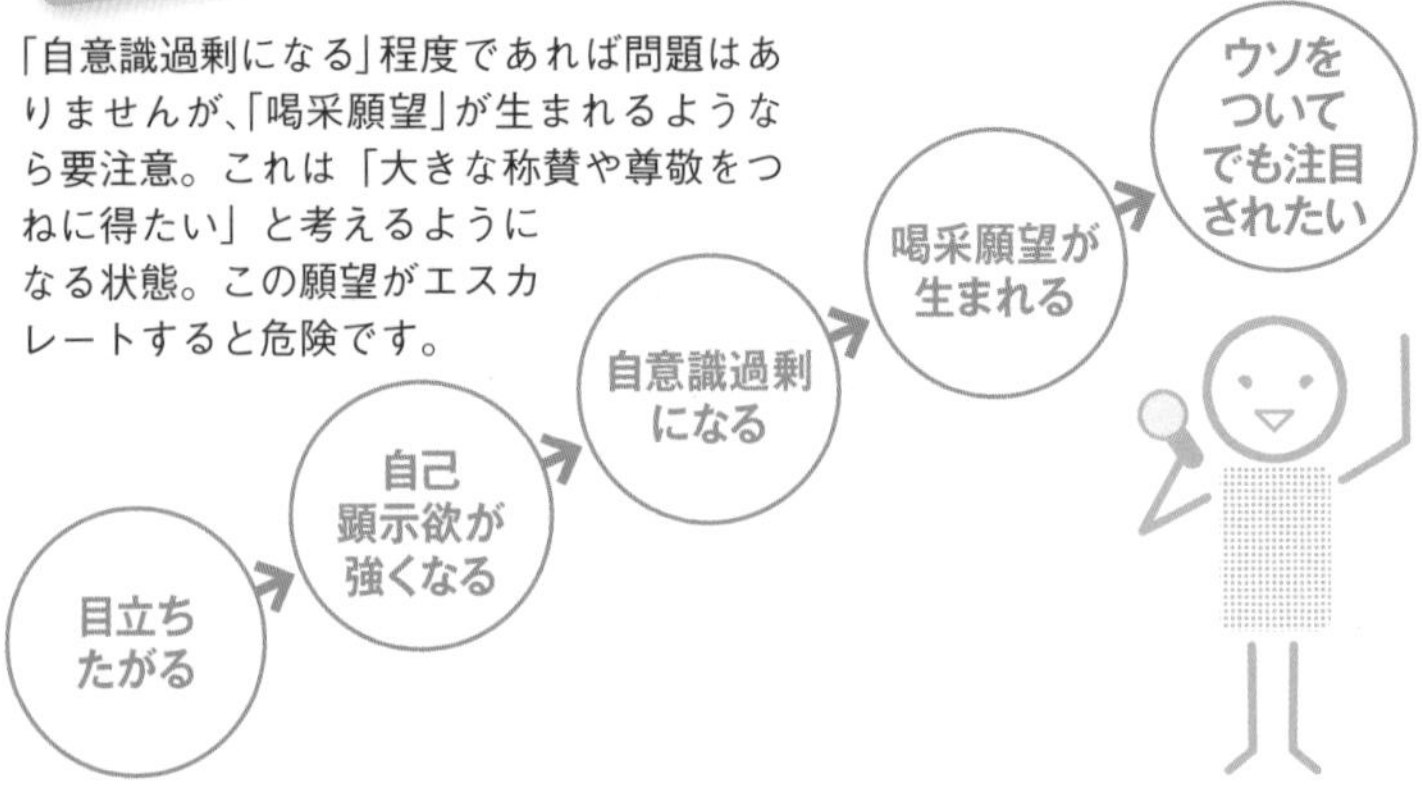
目立ちたがる
自己顕示欲が強くなる
自意識過剰になる
喝采願望が生まれる
ウソをついてでも注目されたい

はい、はい
聞いて！
歌います！

カラオケへの熱意や選曲でどんな人かがわかる

カラオケに行ったときのふるまいには、その人の性格が表れます。

まっさきにマイクを取って流行の歌を歌うのは、自己承認欲求（他人から認められたい欲求）や自己顕示欲（評価されたい欲求）が強い人。パフォーマンスも派手で、アーティストになりきって歌います。

目立ちたがり屋が悪いわけではありませんが、**自意識過剰になりすぎると周囲に迷惑をかけることもあるので、注意が必要です。**

一方、カラオケに来ても、一切歌おうとしない人もいます。「協調性が

使える&役立つ　カラオケのタイプ別に対応を変える

カラオケの選曲には、その人の性格が表れます。どんな曲を選ぶかを観察し、その性格に合わせて対応を変えれば、日常のコミュニケーションがさらに円滑になります。

今、流行りの歌を派手に歌う
↓
目立つことが大好きな人

大げさにほめる
注目されたい人なので、大げさに称賛します。少し見えすいたヨイショをしても喜んでくれる**素直な一面**があります。

演歌を落ち着いた雰囲気で歌う
↓
感情や熱意を大切にする人

感情に訴える
気持ちを大切にする人で、人づきあいでは「誠実さ」を重視します。**理屈よりも感情に訴えたほうが**説得できます。

渋めのロックや洋楽を好んで歌う
↓
自分の好みを大切にする人

筋道を立てて話す
自分の好みや判断にこだわりがある人。そのぶん、**相手の主張にも寛容**です。感情ではなく理屈で訴えて説得しましょう。

歌わない、または消極的な態度
↓
プライドが高くガードが堅い人

控えめにほめる
大げさにほめる人を敬遠します。ご機嫌をとるような発言はせず、**控えめな言葉でほめれば**、好意を持ってもらえます。

ない」と考えてしまいがちですが、**歌いたくないのにカラオケに同行したのは協調性がある人だから**。「早く歌って！」とせかさず、温かく見守りましょう。**「苦手なこと」を強要するのはやめましょう。**

また、**カラオケの選曲にも、その人の性格が表れます**。ふだん控えめな人がロックをシャウトするなど、意外な発見があるので、注意深く観察すると、性格がわかってきます。

ちょっと＋α

自意識（自己意識）とは、何？

自意識（心理学では「自己意識」）とは、意識が自分に向くこと。この意識が強い人は、周囲の目をとても気にするので、ストレスを感じやすいといえます。また、自意識は、青年期にもっとも強くなりますが、年齢を重ねるとともに安定するとされています。

ショッピングをするときは不思議な心理が働いてしまう

上手にお買いものをするコツは？

8月といえば…
セールで服買って
スポーツジム会費に
イタリア旅行の
航空券代払って
それから…
うっそー!!
こんなに
買ったっけ!?
カードご利用明細
8月分ご請求額
265,000円

知っておこう

人は未来よりも現在のお金を重視する

現金が減るのは「耐えられない」と感じますが、目に見えて減らなければあまり気になりません。クレジットのときは慎重に判断しましょう。

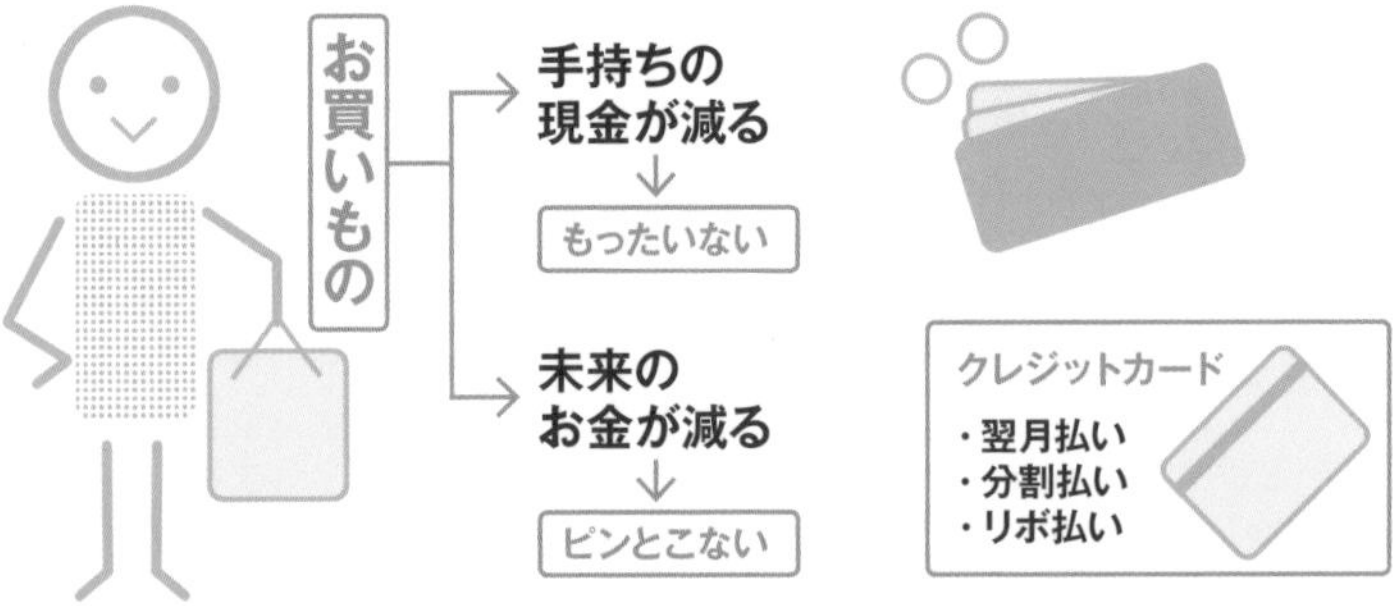
お買いもの
手持ちの
現金が減る
もったいない
未来の
お金が減る
ピンとこない
クレジットカード
・翌月払い
・分割払い
・リボ払い

どっちが
得になるか
よく考えよう

買いものをするときの心理的傾向を学ぼう

「自分はいつも賢くお買いものをしている」と考えがちですが、じつはそこに**さまざまな心理的バイアス（合理的な判断を妨げる思い込み）が働いています。**

たとえば、現金とクレジットのお買いもの。その場で払うか、あとから払うかの違いですが、**明らかにクレジットのほうが大きな買いものをしてしまう傾向があります。**これは「手元の現金が減るのは許せないが、減らなければ許せる」という心理が働くからです。

このほかにも、「高価なもの＝品質

使える&役立つ ショッピングにまつわる3つの傾向

①「高価なもの＝品質が良い」と信じ込んでしまう

商品が高額であるほど期待が高まり、満足度も大きくなります。似たような商品が並んでいたとき、高いほうを購入してしまうのは、この心理が働いているため。**これは「ヴェブレン効果」と呼ばれるもの。**「自分へのごほうび」を言い訳にするときは要注意です。

ヴェブレン効果
アメリカの経済学者・社会学者、ヴェブレンが指摘した傾向。ブランド品の消費に代表されるように、商品の価格が高く、それを手に入れること自体に特別な欲求が生まれることを指す。

②価格の違う3つの商品なら、中間のものを選びがち

選択肢が3つあるときは、中間の価格の商品を選ぶ確率が高くなります。もし、お店側が商品B＝280円を売りたい場合は、それより安い商品A＝180円と高い商品C＝600円を並べておけばいいというわけです。

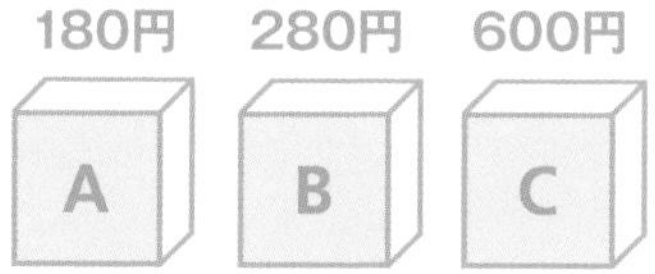

③端数価格であれば、「お得！」と感じてしまう

商品Aの正価が1280円で値引き価格が1200円なら、その差は80円。商品Bの正価が1050円で値引き価格が980円なら、その差は70円。商品Aのほうが値引きしていますが、端数価格の商品Bのほうが安いと錯覚します。

A
~~1280円~~
↓ −80円
1200円

B
~~1050円~~
↓ −70円
980円

が良い」と信じる傾向、3種類の価格がある場合は中間の価格を選択したくなる傾向、「端数価格＝お得」と感じる傾向などがあります。

これらの心理的傾向はすべての人に当てはまるものなので、知識として知っておくだけで、だれでも注意深くなれます。先入観に惑わされず、賢く堅実な買いものができる人になりましょう。

ちょっと＋α

約束の時間を端数にすれば遅刻しなくなる？

待ち合わせをするときは、ジャストでの時間ではなく、10分前を習慣にしましょう。たとえば、「19時」に待ち合わせる場合は、「18時50分」を指定します。18時50分は「18時台」という意識が働くため、お互いに遅刻しにくくなります。

暮らし

06

お金を払わないときは「申し訳ない」という気持ちが働いてしまう「無料（タダ）」は本当にお得か？

お弁当に入れると
お子さんが
喜びますョ♡
お味、いかがですか？
おいしいわ
じゃあ、
買おう
かしら…
ウインナー
○○○円

知って
おこう

好意に対して「お返し」したい

「無料＝好意」と考えれば、好意を返したくなります。この場合、「無料のもの」と「お返し」のバランスが取れているかが重要。買うつもりではなかったものを購入するのは過剰なお返しです。

好意の返報性
好意を示してくれた相手には、自分も好意を持つようになる、という心理を指す言葉。

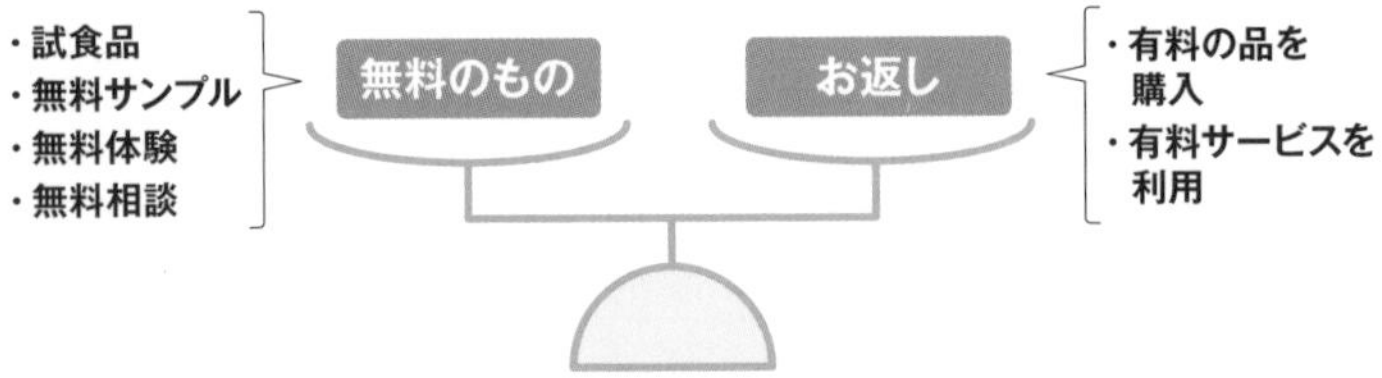
・試食品
・無料サンプル
・無料体験
・無料相談
無料のもの
お返し
・有料の品を
購入
・有料サービスを
利用

「好意には好意で返したい」気持ちが自然に働く

タダで
もらうのは
悪いなぁ

「無料サンプル」「試供品」「試食品」など、世のなかにはタダのものがたくさんありますが、**本当に0円ですむかどうかは、その人次第です。**

人には、だれかから好意を受けたとき、自分も好意を持つようになるという傾向があります。**これは「好意の返報性《へんぽうせい》」と呼ばれるものです。**

そのため、無料で提供されたものを「だれかからの好意」と受け取れば、「自分も好意のお返しをしなければ＝購入しなければ」と考えるようになります。

試食をしたあと、「買わなければ申

使える&役立つ 返報性の法則の身近な例から学ぶ

ルール❶ 自分へ言い訳をして、気持ちを軽くする

「好意の返報性」を発揮して買いものをすると、ほとんどの場合、**お返しが過剰な状態に。**それを自分でも理解しているため、右のような言い訳をして自分を慰めます。このようなフレーズが頭に浮かんだときは「失敗した」と自覚しましょう。

もともと買うつもりだった
相手も商売だから……
そんなに高くなかった

ルール❷ 「ギブ&テイク」にこだわりすぎない

ビジネスの世界では「ギブ&テイクの関係」が当然ですが、日常生活のお買いもので、そこまでシビアになる必要はありません。「失敗した」と思ってもく**よくよ悩むのは考えもの。**「良い経験になった」と考えましょう。

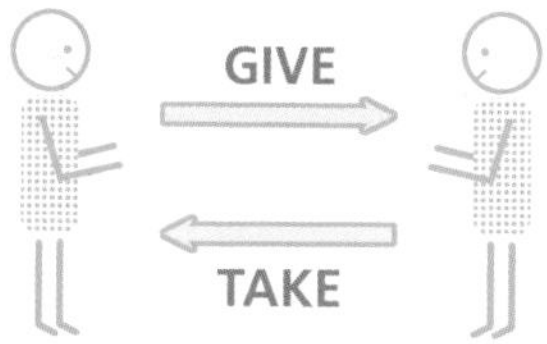
GIVE
TAKE

ルール❸ 「過度な好意」は相手の重荷になる

お土産、お歳暮、お祝いの品、誕生日のプレゼントなど、だれかにものを渡すときも**「好意の返報性」**を意識しましょう。「高価な品物ほど相手が喜ぶ」と考えるのは危険。高価な品を贈れば、相手の心の負担になります。

し訳ないな」と思うのも、この心理が働くから。また、下見のつもりで店に入り、つい店員さんが親切にしてくれたから購入したという場合も、同様の心理が働いています。**「無料」をうたう店舗や企業は、その心理を十分に理解しています。**購入することが悪いわけではありませんが、**われわれ消費者側も、その仕組みを頭に入れておいたほうが良い**でしょう。

ちょっと＋α

「悪意」にも返報性がある

「好意の返報性」とは真逆の心理が働くこともあります。これは、自分を嫌いな人や、自分に対して厳しい評価を下す人に対しては、自然に嫌悪感を抱くようになるというもの。この心理は、「嫌悪の返報性」と呼ばれています。

暮らし

07

大都市に住んでいる人は「人情味がない」と思われているが……都会の人は本当に冷たいのか？

そのうちだれかが助けるよな…
具合悪いのかな？

知っておこう

たくさん人がいると、責任感が薄れる

実験によると、倒れている人の周囲に２人いる場合は85％の人が助けましたが、３人の場合は62％、６人になると31％になるという結果が出ました。

周囲にいる人と助ける確率の関係
2人→85%
3人→62%
6人→31%
倒れている人

バイスタンダー・エフェクト
緊急事態や事故・事件が発生したとき、周囲に人がたくさんいると、ひとりひとりが傍観者になってしまう傾向があることを指す言葉。アメリカの社会学者ビブ・ラタネとジョン・ダーリーが実験で証明した。

周囲に人がたくさんいると気持ちにストップがかかる

「都会の人は冷たい」とよく言われますが、本当でしょうか？　確かにご近所づきあいは都心部ほど希薄になりますが、**「困っている人」に対して冷たいわけではありません。**

たとえば、電車の中で気分が悪くなった人がいたとき、**周囲に人がたくさんいればいるほど、助けなくなる傾向が高まること**がわかっています。これは「自分が助けなくても、だれかが助けるだろう」「自分ひとりだけ目立ちたくない」という心理が働いているため。**心理学の用語では、これを「バイスタンダー・エフェク**

だれも助けてくれない!
HELP

使える&役立つ 「助けてもらいたい人」を指名する

バイスタンダー・エフェクトをなくすためには、**はっきり助けてほしい人を指名するという方法**が有効です。指名された人は「動かなければ拒否したことになる」と考えるため、積極的に行動するようになります。

あなた!
指名しない
私でなくても
だれかが
やってくれる
指名する
拒否したら
「責任逃れ」と
思われる

もし街のなかで倒れてしまったときは?

もし、自分が倒れたら、周囲を見渡して視線を合わせ、はっきり「助けてください」「お願いします」と訴えます。複数の人を指名する余裕がなくても、ひとりが動けば、周囲の人が連動しやすくなります。

お願いします

会社で急ぎの仕事を頼まれたときは?

この心理的な働きはビジネスでも応用できます。公の場で上司に急ぎの仕事を頼まれたら、「だれか助けて」と言わず、「○○さん、手伝ってもらえませんか」と**具体的に指名したほうが真剣に検討してもらえます。**

○○さん、
手伝って
もらえま
せんか
私?

父母会でPTAの役員を決めるときは?

父母会、町内会などで役員を決定する場合も応用できます。「だれかできる人はいますか?」と聞いて希望者がいないときは「○○さん、お願いできませんか」と問いかけ、ひとりひとり検討してもらいます。

○○さん!
お願いでき
ませんか?

ト」と呼びます。

これを回避するためには、**助けてもらう人を指名するという方法が有効です。**困っている人（または、はじめに助けるために動いた人）が直接、周囲にいる人を指名すれば、心理的な規制がとれ、行動しやすくなります。

ちょっと+α

殺人事件がきっかけで「傍観者」が注目されるように

1960年代に、ニューヨークで「キティ・ジェノヴィーズ事件」という殺人事件が発生。事件が発生したとき、声が聞こえたはずなのに、現場近くのアパートの住人は、だれひとり、助けたり通報したりしませんでした。その後、この住人たちのように、冷淡な傍観者になってしまうことを「バイスタンダー・エフェクト」と呼ぶようになりました。

名前をド忘れしてしまう理由は?

顔は浮かぶのに、名前が出てこないのでイライラしてしまう

成敗いたす!
なあ、この俳優名前何だっけ?
ホラ、あれにも出てたじゃない!あの人よ! えーっと…

知っておこう 記憶は1時間後に44%しか残らない

ドイツの心理学者エビングハウスの実験によると、20分で58%、1時間で44%、1日後には26%しか覚えていないという結果が出ました。右のグラフは「エビングハウスの忘却曲線」と呼ばれています。

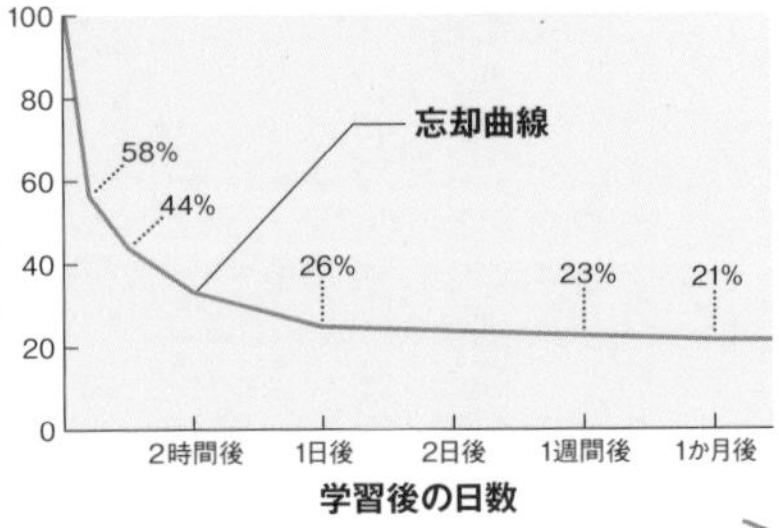
100
80
60
40
20
0
覚えている%
忘却曲線
58%
44%
26%
23%
21%
2時間後
1日後
2日後
1週間後
1か月後
学習後の日数

エビングハウスの忘却曲線
ドイツの心理学者ヘルマン・エビングハウスは、意味のない３つのアルファベットを、被験者に覚えさせて、その記憶がどれくらいのスピードで忘れられていくかを調査。その結果をグラフ化した。

あれっ何だっけ?忘れた!
?
?

記憶はあいまいだが定着させるコツはある

「もともと記憶力が悪い」と嘆く人がいます。「歳とともに記憶力が衰えてきた」と感じる人もいます。しかし、**記憶はもともと、それほど定着しやすいものではありません。**

ドイツの心理学者エビングハウスによると、意味のないアルファベットを覚える実験で、1時間後には「平均すると約44%しか覚えていない」という結果が出ています。つまり、**人の記憶は1時間で半分以上のことを忘れてしまうほどあいまいなもの**なのです。

また、**記憶には独自のメカニズム**

使える＆役立つ 記憶に残す7つのポイント

アメリカの心理学者ヒグビーによると、記憶を定着させるコツは右のように7つあります。このなかでも、組織化、連想、視覚化、注意などは、自分が意識するだけで、すぐに実行できることです。**テストや資格試験の勉強で暗記が必要なとき**も、これらのポイントを考慮して実行すれば、効率がよくなります。

ヒグビーの7つの原理
アメリカの心理学者ケネス・ヒグビーが提唱している「記憶力を高める7つのポイント」をまとめたもの。

❶ 有意味化
意味があるものは覚えやすい。意味のないものに意味をもたせる努力をすればいい。

❷ 組織化
ルールがあるものは覚えやすい。バラバラな情報も、系統を立てれば、覚えやすくなる。

❸ 連想
新しく覚えることは、知っていることと結び付ければ覚えやすい。連想でまとめて覚えよう。

❹ 視覚化
視覚的なイメージは記憶に残りやすい。文字情報も映像と関連付ければ、忘れにくくなる。

❺ 注意
対象に注意を向けなければ、覚えることができない。短時間で集中するコツをつかもう。

❻ 興味
関心があるもの、好きなことは記憶に残りやすい。まずは、対象に興味を持つことが大切。

❼ フィードバック
覚えたときに評価されると記憶に残りやすい。また、復習をすると長く記憶を維持できる。

があり、それを知っている人と知らない人には、記憶の定着という点で大きな違いが生まれると考えられています。

アメリカの心理学者ヒグビーによると、記憶に定着させるために有効なポイントは上の欄で紹介しているように7つあります。「もの忘れが激しい」と嘆く前に、これらを具体的に実行してみましょう。

ちょっと＋α

覚えた直後に復習すると記憶は定着しやすくなる

できるだけ早く復習すると、記憶が鮮明に残るため、忘れても短時間で記憶がよみがえります。ところが、1週間以上経過すると、鮮明に思い出すために、はじめて記憶したときと同じ時間が必要。何かを記憶したいときは、「30分以内にすばやく復習」を習慣にしましょう。

かたづけができないのは、病気?

油断すると、洗濯物、汚れた食器、ゴミを部屋にためてしまう

うわっ!
お前の部屋
スゲー!
ま～
くつろいでってよ

知っておこう

「決められない人」は部屋が乱雑になる

ものを捨てられない人も部屋の中が乱雑になります。本質的にかたづけができない人ではありませんが、第三者から見ると区別がつきません。「使わないものは捨てる」と決め、それを実行しましょう。それで問題は解決します。

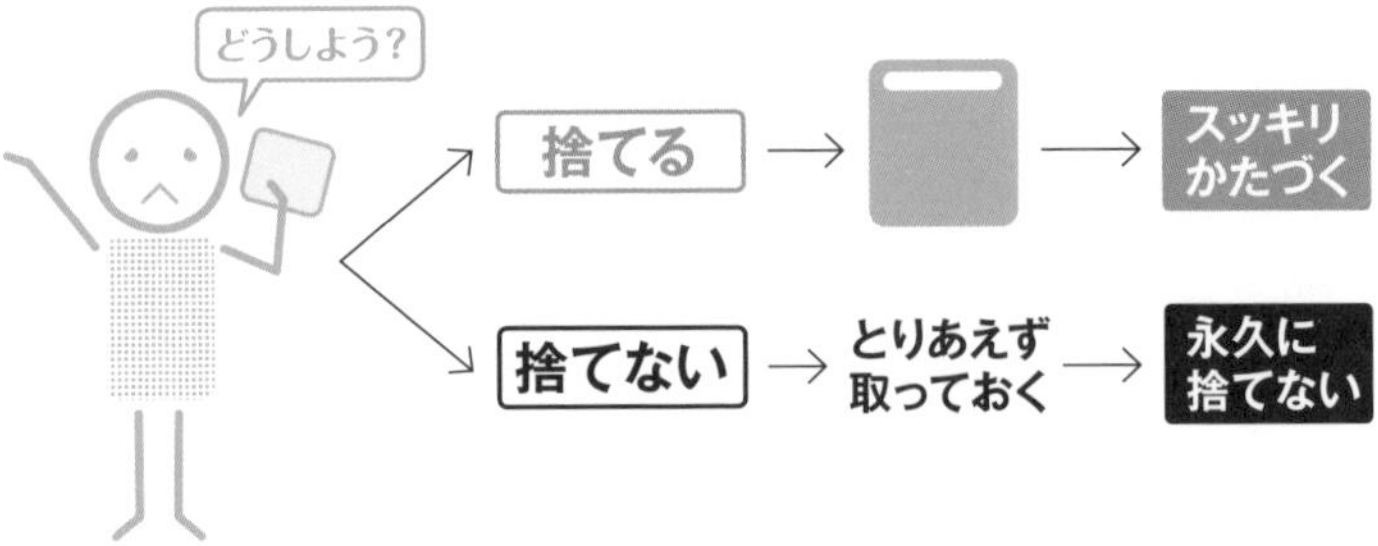
どうしよう?
捨てる
スッキリ
かたづく
捨てない
とりあえず
取っておく
永久に
捨てない

かたづけられない理由を自分で考えてみよう

「かたづけ」に対する考え方は人それぞれです。使った食器をかたづけられない人もいれば、チリひとつなくなるまでかたづけなければ気がすまない人もいます。

「完璧主義の人はきれい好き」と考えがちですが、**完璧を目指すためにかたづけの途中で挫折してしまうことも多いといえます。**また、**部屋の状態は心の状態を反映します。**心に余裕がないときは、かたづけがおっくうになり、一時的に乱雑な状態になっているケースもあります。

もし、**ルーズな性格が原因なら、**

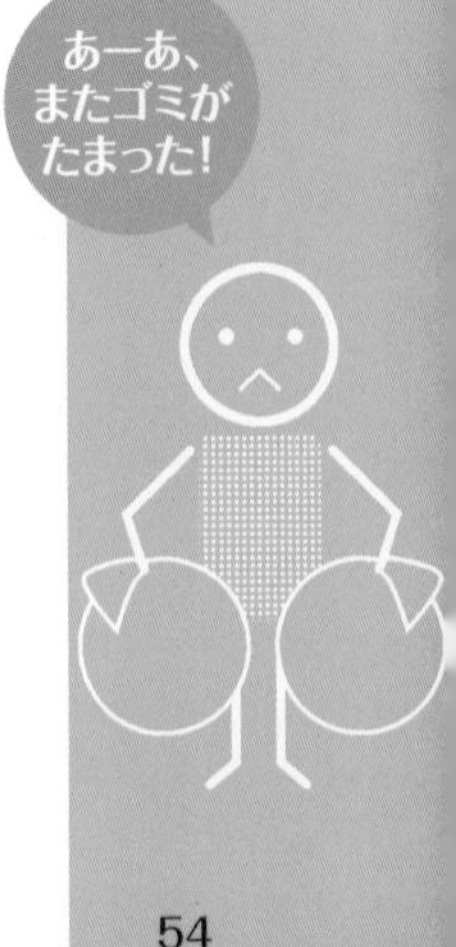
あーあ、
またゴミが
たまった!

使える&役立つ 理由を確かめて、対策を立てる

かたづけができない人は、その理由を細かく分けて考え、対応策を実行しましょう。一気に解決しようとせず、まず**「今よりもマシな状態」を目指すこと**が大切です。

完璧主義だから

↓

対策 小さな目標を設定する

「まとめて」と考えず、小さな目標を設定。範囲を限定することで前進します。

時間があるとき、まとめてやる

必要を感じないから

↓

対策 きっかけを自分で作る

友人を招待するなど、かたづけが必要な状態を自分で設定し、実行しましょう。

汚いほうが落ち着くよ

もったいないから

↓

対策 期限を決めて捨てる

捨てられない人は期限を設定。箱に一時保管して、期限を過ぎたものを捨てます。

まだ使えるいつか使う

心に余裕がないから

↓

対策 だれかに手伝ってもらう

心の問題を解決できないなら、親族や友人の力を借り、一度きれいにしましょう。

気力がわかないめんどうくさい

ADHDだから

↓

対策 専門医の診断を受ける

ADHDの人は集中力が続かず、衝動的に途中で別のことを始めてしまいます。もし、これが原因なら、そのほかの生活面でも、さまざまな問題が発生しているはず。医師に相談しましょう。

ADHD（注意欠陥・多動性障害）
発達障害のひとつ。年齢あるいは発達に不釣り合いな注意力不足、衝動性、多動性を特徴とする行動の障害で、社会的活動や学業に支障をきたす状態を指す言葉。

個人の資質として認めることもできます。しかし、かたづけができないことで**生活そのものに支障をきたすようであれば、ＡＤＨＤ（注意欠陥・多動性障害）の可能性を疑うこともあります。**

「かたづけがダメ」と自覚している人は、まず自分がどのタイプに当てはまるかを考えてみましょう。

ちょっと+α
ＡＤＨＤに気づかない人も多い

ＡＤＨＤ（注意欠陥・多動性障害）は子ども特有の病気ではありません。大人になっても何らかの症状が現れることが多いようです。ただし、多動性や衝動性は一見目立たなくなるため、ＡＤＨＤであることを自覚していない人がたくさんいる、とされています。ＡＤＨＤがうつや不安障害の要因になることもあるので、注意しましょう。

満員電車や人混みがイヤなのは、他人との距離が近すぎるから
近づいても不快に感じない距離は?

ウン
でさ~

知っておこう パーソナルスペースの標準的な距離

アメリカの文化人類学者ホールによると、標準的なパーソナルスペースは「密接」「個体」「社会」「公衆」の4つに分けて考えることができます。

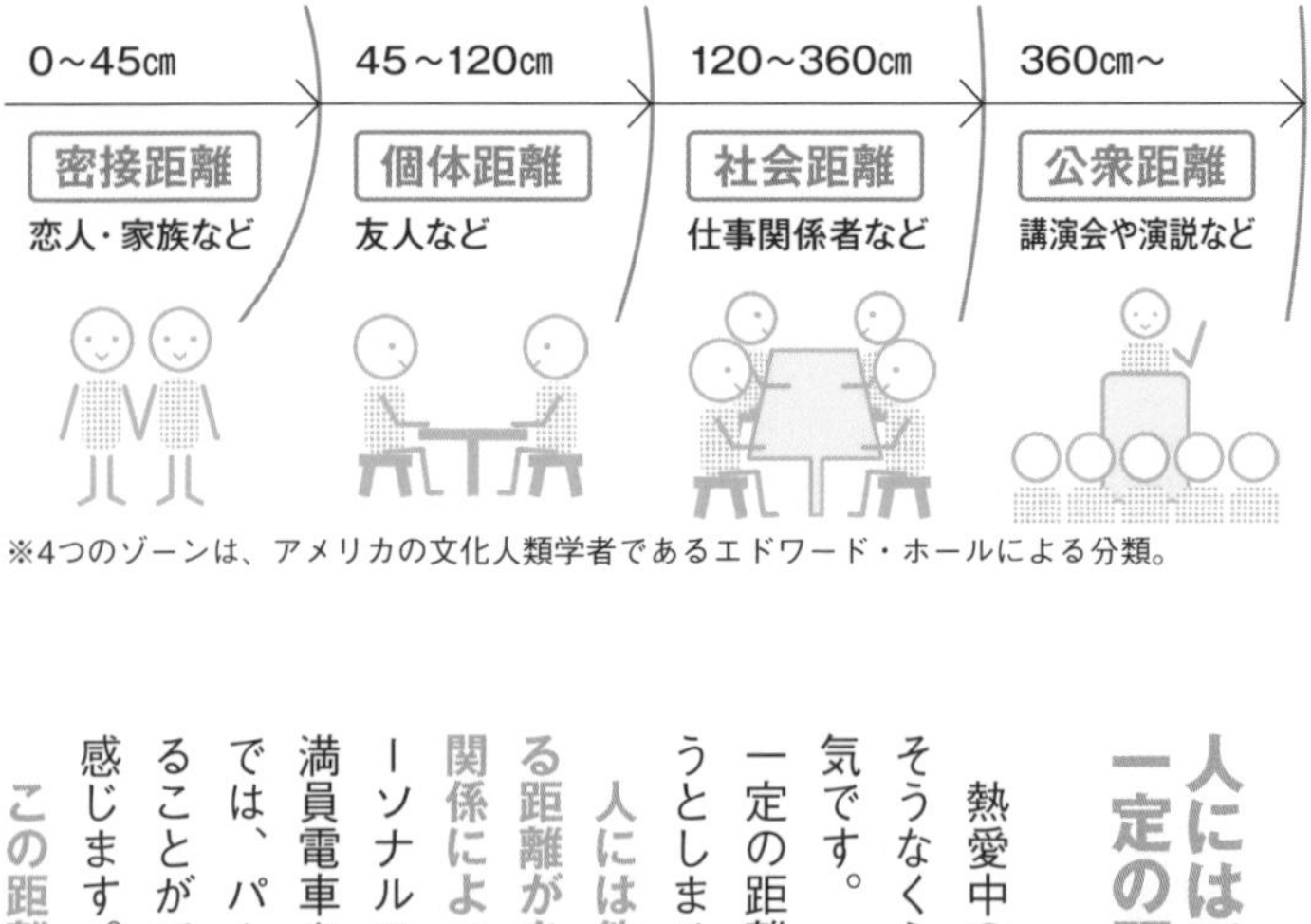
0~45㎝
密接距離
恋人・家族など
45~120㎝
個体距離
友人など
120~360㎝
社会距離
仕事関係者など
360㎝~
公衆距離
講演会や演説など

※4つのゾーンは、アメリカの文化人類学者であるエドワード・ホールによる分類。

ちょっと待って!来ないで
STOP

人には近づくと不快になる一定の距離がある

熱愛中の恋人同士は、息がかかりそうなくらい近づいて話をしても平気です。一方、初対面の人同士は、一定の距離を保ち、それ以上近づこうとしません。

人には他人が近づくと不快に感じる距離があり、その距離は人と人の関係によって変わります。これは「パーソナルスペース」と呼ばれるもの。満員電車や混んでいるエレベーターでは、パーソナルスペースを確保することができないため、ストレスを感じます。

この距離感は男女でも違いがある

使える&役立つ

パーソナルスペースの男女の違い

パーソナルスペースの形は**男女によって違いがある**と考えられています。男性の場合は左右よりも前後に広く、女性の場合は左右も前後もほぼ同じ距離になります。男性と女性が接触するときに、このパーソナルスペースの違いを意識すれば、上手にコミュニケーションできるようになります。

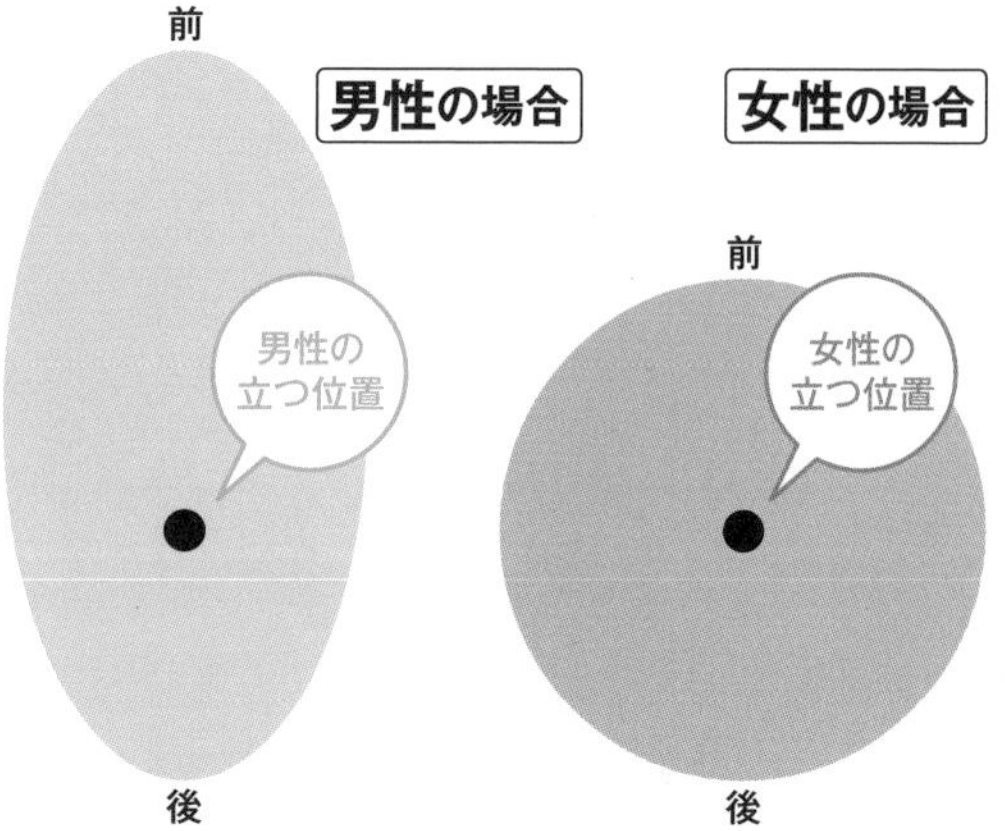
前
男性の場合
男性の立つ位置
後
女性の場合
前
女性の立つ位置
後

正面に立つと……

男性のほうが落ち着かない気分になる

正面で向き合うときは、女性よりも男性のほうが落ち着かない気分になります。女性はパーソナルスペースを確保できていますが、男性はどきどきしたり不快になったりします。

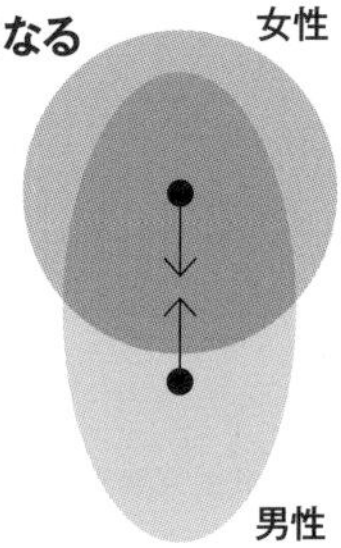
女性
男性

横に並ぶと……

女性のほうが男性を意識しやすくなる

男性と女性が横並びになるときは、女性のほうが落ち着かない気分になります。男性は距離を確保できているために平気ですが、女性は確保できていないため、ストレスを感じます。

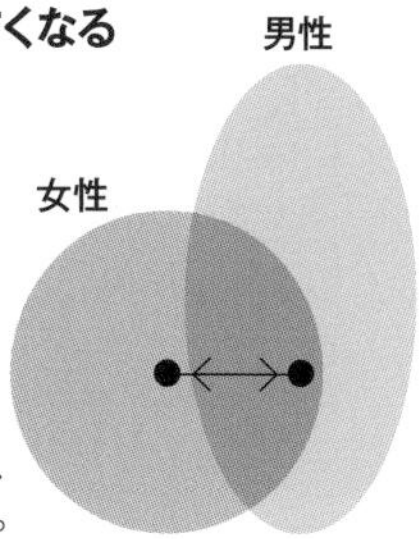
男性
女性

と考えられています。また、一般的に、外向的な人よりも内向的な人のほうがこの距離を広く取る傾向があります。

相手のパーソナルスペースに入るときは、真正面からではなく、横から。相手が嫌がっていないようであれば、この方法で何度か相手のふところに飛び込みましょう。うまくいけば、すぐに仲良くなれます。

ちょっと+α

パーソナルスペースは国によって違う

パーソナルスペースの距離は、文化的な背景にも影響を受けるため、国によって標準的な距離が違います。一般的に、南米諸国、スペイン、フランス、インド、中国などは、距離が短いと言われています。逆に、フィンランド、スウェーデンなどの北欧諸国は、距離が長いとされています。

運転で態度が大きくなる人は?

車のハンドルを握ると、気が大きくなってしまう人がいる

いつもと
キャラ
違くない?
じゃま
だな
前の
トラック
トロいんだよ
まったくよぉ～

知って おこう　「素顔+万能感」で偉くなった気分になる

車は個室なので素顔の自分が出やすくなります。また、車の運転によって高揚感が生まれ、それが万能感（何でもできる気分）につながります。

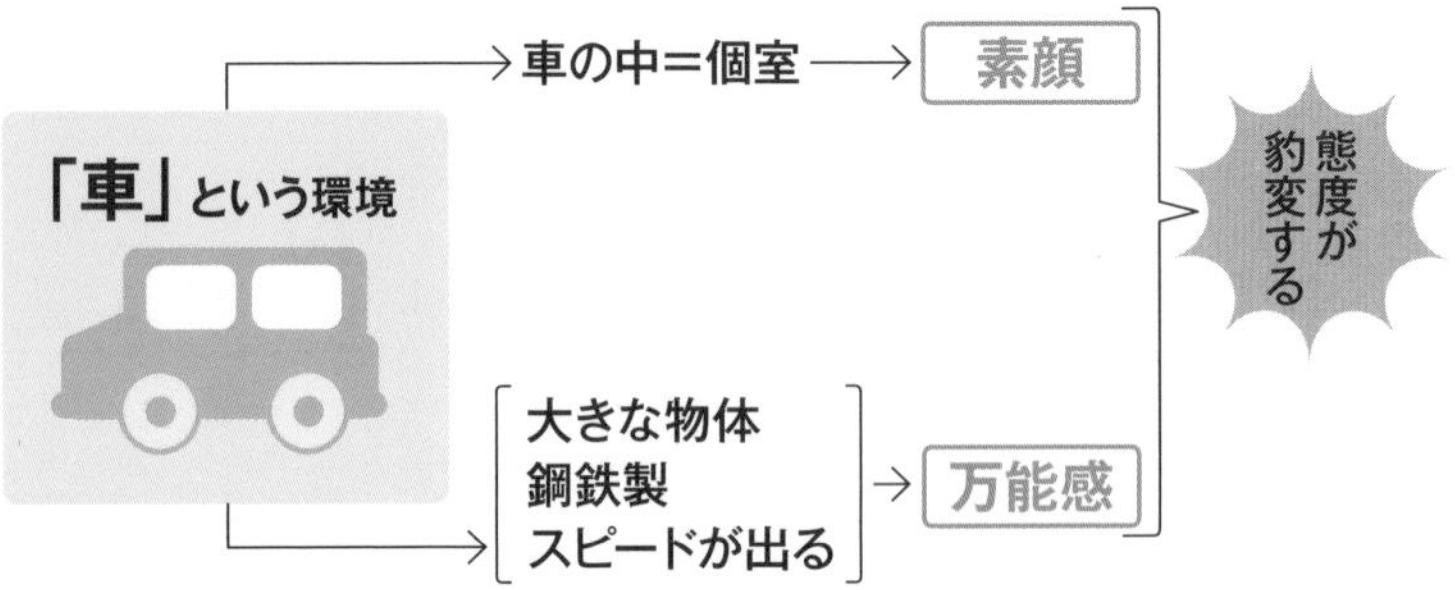
「車」という環境
車の中=個室
素顔
大きな物体
鋼鉄製
スピードが出る
万能感
態度が
豹変する

運転で態度が変わるのは大人として未熟だから

ふだんは穏やかなのに、車を運転すると、突然態度が豹変する人がいます。むやみにスピードを出したがったり、言葉が荒くなったりします。同乗した人が心配しても、本人は気づきません。

　このように車を運転すると気が大きくなる理由は2つあります。**ひとつは車内が外の世界とは隔絶された「個室」のようなものだから。**そのため、自分の部屋のような感覚でふるまってしまうというわけです。

　もうひとつは、猛スピードで走る**鋼鉄製の機械を自在にコントロール**

オラオラ、
じゃまだよ
どけよ!

使える&役立つ 万能感が消えないのは未熟だから

子ども時代は親の保護があるため、**万能感を感じやすい時期**です。通常は、成長の過程で挫折や失敗を受け入れ、成熟した大人になります。一方、挫折や失敗を経験せずに成長すると、万能感が消えない未熟な人になります。

子ども時代
↓
親の行動＝自分の力
↓
万能感

↓
成長段階

挫折・失敗を受け入れる人
↓
成長する
↓
大人
↓
万能感が消えた成熟した大人

挫折・失敗を受け入れない人
↓
幼児期の万能感が消えない
↓
大人
↓
未熟な人
- 打たれ弱い
- 根気がない
- ガマンできない

することから生じる高揚感です。自分が偉くなったような気分になり、万能感が生まれます。

車の運転で態度が豹変する人は、十分に成熟した大人とはいえません。未熟な人とつきあうときは、それを理解すれば気になりません。

ちょっと＋α

「ピーターパン・シンドローム」とは、どんなもの？

「ピーターパン・シンドローム」とは、1983年にアメリカの作家、ダン・カイリーが著した同名の著書で提唱されたパーソナリティ障害のこと。人格が未熟で、主体性に欠け、自己主張も苦手な生真面目な人に多く見られる。幼児性、責任感の欠如、自我の未熟さが見られ、大人の仲間入りができない「永遠の少年＝ピーターパン」とした言葉。ただし、心理学・精神医学の正式な用語ではない。

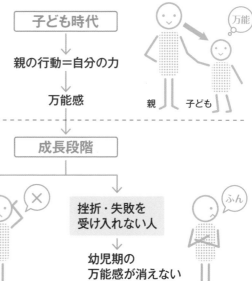

ネットで問題を起こす心理

インターネット上では、実社会とは異なる問題が起こります。その背景にどんな心理が働いているのでしょうか？

荒らし

ツイッターなどのSNSやウェブサイトのコメント欄で誹謗中傷を繰り返し、他人を攻撃し悪意をまき散らすことを「荒らし」といいます。多くの場合、書き込みは匿名で、はっきりとした証拠が残りません。このような状況では人は攻撃的になりやすいことが実験で明らかになっています。いくらひどい言葉を書いても、自分に被害が及ぶことがないのがわかっているので、表現もどんどん過激になっていきます。こうした行為を行う人の心理には、自分の存在をアピールしたいという「自己顕示欲」があると考えられます。

炎上

ある人や企業の行為・発信・書き込みに対して、批判や誹謗中傷コメントが殺到すること。多くの場合、偶発的な感情の行き違いがきっかけとなるようです。つまり、対面のコミュニケーションとは異なり、ネット上では言葉だけをやりとりするため、真意がうまく伝わらない場合があるのです。相手の言葉をゆがめて捉えたり、言葉足らずで相手に誤解を与えてしまったりします。また、最近では閲覧数を集めるために、わざと挑発的な表現をし、「炎上」させて、問題になることがあります。

悪意のあるリプライ

ツイッターでは、ユーザー名を最初につけてツイートすると、その相手へメッセージを送る（リプライ）ことができます。相手が現実の世界では会うことができないような有名人であっても、ユーザー名をつければ、批判や悪口などを簡単にぶつけることができます。リプライの内容は、フォロワーも見られるため、「自分は有名人と対等にコミュニケーションをしている」ことをアピールする「自己顕示欲」が働いていると考えられます。ちなみに今は、リプライ相手や範囲を制限する機能が追加されました。

過剰な「いいね!」の要求

ツイッターやインスタ、フェイスブックなどのSNSには、相手の投稿に対する反応を示すために「いいね！」ボタンを押す仕組みがあります。「いいね！」を押してもらえば、投稿者は自己評価や自尊心を高めることができます。つまり、自分を高く評価してくれたという「自己是認欲求」が満たされるのです。ただ、「いいね！」は、投稿を見る人にとっては必ず押さなければならないものではなく、投稿者が思っているほど、「いいね！」が集まらないこともあります。なかには「いいね！」を押すことを過剰に要求してしまう人もいて、人間関係に悪影響を及ぼす場合もあります。

はみ出しコラム
2

早起きの心理は？

あとは、明日の朝
洗面道具を入れればＯＫ

翌朝「すべきこと」がイメージできる

朝起きるのが苦手という人も多いはず。早朝のフライトを控えた夜など、起きられるか不安になる人もいるでしょう。

じつは、早起きにはポイントがあります。それは、寝る前に準備を完璧にせず、翌朝すべきことを残してから寝るという方法。

これは、「ツァイガルニック効果」が関係しており、人は未知・未完のものに強い興味を抱くというもの。「明朝はあれを準備しなければ」と認識することで、早起きできるというわけです。

一方、すべてを準備すると、翌朝早起きする理由がないため起きられません（逆に、何も準備しないというのも心配で寝付けないでしょうが……）。その点、少しだけ準備を進めると、翌朝の自分をイメージできます。

これは「アンカリング効果」というもの。行動や物などを通して、以前の記憶を思い出すことを指します。エンジンがかかれば、進むのは簡単。起床後、前日に準備した荷物を見ながら、残りを詰めようと気合が入るのです。

習慣から
心理を読み解く

テスト2

デパートのトイレはどの場所を使う？

あなたは、デパートのトイレに入りました。
下図のように、男性であれば小便器、
女性であれば個室がA、B、Cと並んでいます。
あなたなら、どの場所を使いますか？

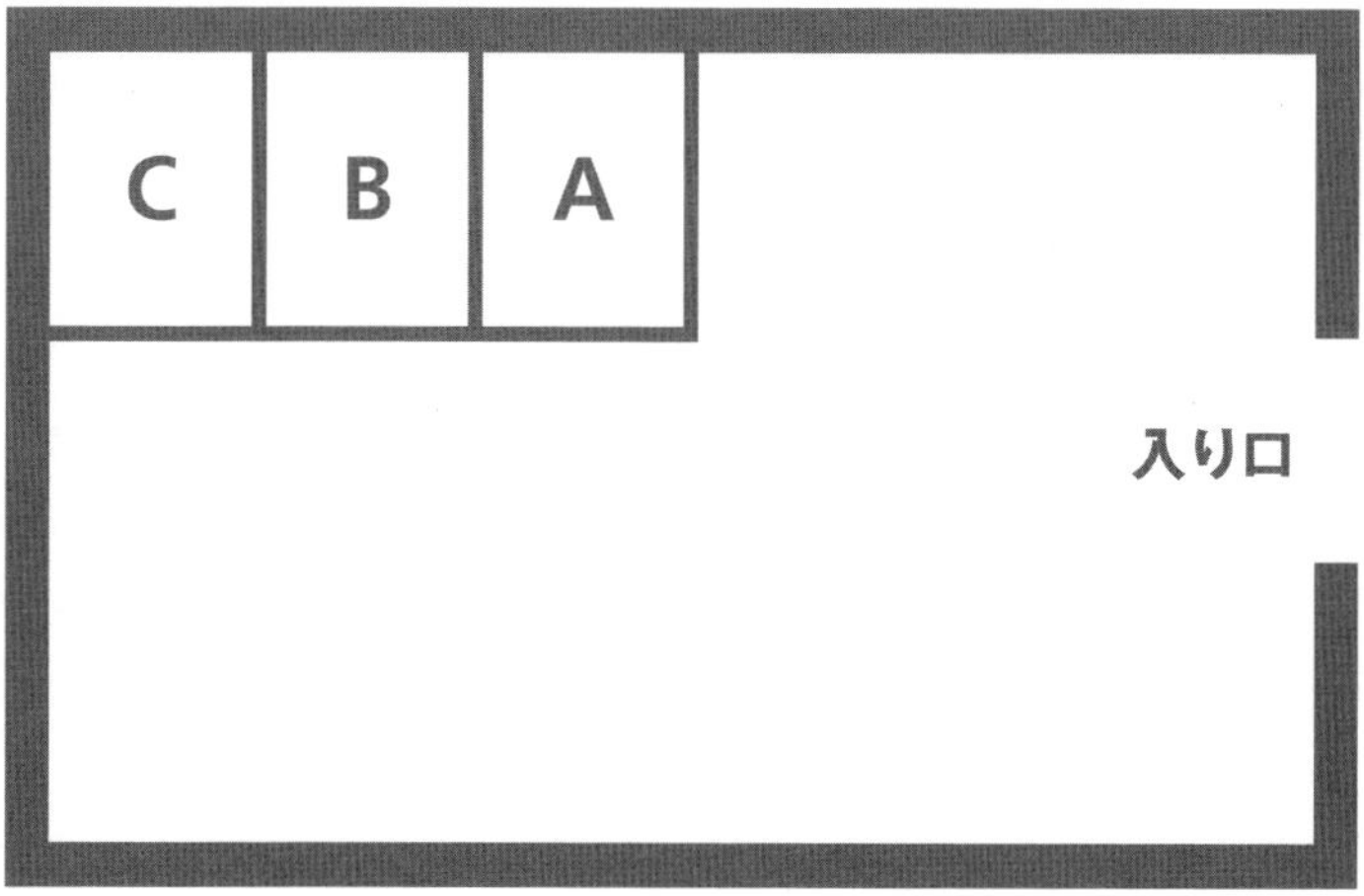

A 入り口の近く

B 真ん中

C 奥

診断

あなたの 心のナワバリの大きさ がわかります

選んだトイレの位置で、パーソナルスペース（心のナワバリ）の大きさをはかります。トイレでは無防備になるため、人はナワバリを意識しやすいのです。

心のナワバリの大きさ

C ＞ B ＞ A

C	B	A
奥のトイレ	真ん中のトイレ	入り口側のトイレ

Ⓐ 心のナワバリは小さめ

Aは人の出入りが激しいため、常にパーソナルスペースを侵害される一方、入り口に最も近いので、すべてを早く済ませられます。ある程度自分に自信があり、物事を効率よくこなせるタイプです。

Ⓑ 心のナワバリは平均的

真ん中のBを選んだ人は、比較的バランスがとれています。一方、トイレ全体の中心にいたいという気持ちが強いので、組織や友人関係でもリーダーシップをとりたがる人です。

Ⓒ 心のナワバリは大きめ

Cを選ぶ人が最も多く、適度に周囲に対して不安を抱き、自分を守ろうとしています。とくに男性が多く、古来、男性同士は戦い合う存在で、同性に近づけば攻撃される危険性が増すためです。

飲み会で距離感を縮めるアドバイス

飲み会は座敷席で親近感アップ

座敷席では隣の人との距離が近く、お互いのナワバリに入ることになります。あえて相手のパーソナルスペースに入り込むことで、親近感が増すという効果をねらえます。

パート

3

友だちの気持ちがわかる！心理学

親しい友だちでも、ときには理解できない
一面を見せることがあります。
気になる発言や行動には
どんな心理が隠れているのでしょうか？
友だちのココロを
読み解く方法を紹介します。

友だち 01

口を開けば自分のこと！ いい加減にしてほしいと思ったら……
自慢話ばかりしたがる人には？

オレってば中高では
生徒会長任されてぇ
へ…へぇ〜
すごーい!
ペラペラ
ペラペラ
先週はクルマを
買い替えちゃってさぁ
大学ではモテモテ
仕事も順調に昇進

知って おこう

「自分＝特別な存在」と思い込んでいる

プライドが高い人は自分のことを「特別な存在」と考えます。内心でひそかに思うなら問題がありませんが、他人に吹聴するなら要注意。ナルシストの傾向が強まると「自己愛性パーソナリティ障害」に発展する恐れがあります。

自己愛の強い人
＝ナルシスト　――度が過ぎると……→　自己愛性
パーソナリティ障害

自己愛性パーソナリティ障害

「自分は特別な存在」という肥大した自己意識を持つパーソナリティ障害の一種。「偉大な自分」にふさわしい華々しい成功を夢想するため、他人に対して過度に尊大な態度を取ったり、特別扱いを求めたりする。そのため、相手の気持ちには、無頓着になりがちだといえる。

どうよ？
スゴイ
でしょ

うぬぼれが強すぎると嫌われて孤立してしまう

「うちの家系はみんな医者でね」「最近、別荘を購入しました」などと、聞いてもいないのに自慢話を始める人は、いつも「だれかに認めてもらいたい」と考えています。

このような人は**「自分だけは特別」と考える傾向があります。**自己愛が強いナルシストである可能性が高いともいえます。

自慢話がちょっと多いくらいの「うぬぼれ屋さん」なら、周囲も個性として認めてくれますが、**うぬぼれの度合いが過ぎると敬遠されるようになります。**自分以外の人がほめられ

使える&役立つ

ナルシストであることを自覚させる

?

ナルシストは自分がどんな行動をとっているか、自覚していないことが多いもの。周囲の人が**自分で気づくように対応すれば**、この傾向を抑制できます。気づいてもらうために努力してみましょう。

ほめることをやめる

スゴイね

自慢話が始まったら「スゴイね」「さすがだね」などと必要以上に持ち上げないこと。「そうなんだ」「へぇ」と普通にあいづちを打ちます。自慢話が終わったら、すぐに話題を変えてしまいましょう。

別の情報を引き出す

ところで
その車は……

自慢を受け流し、自分が知りたい情報を引き出しましょう。たとえば「新車を購入した」と自慢する人には、「お金があること」をほめるのではなく、その新車の性能や乗り心地について質問します。

欠点を指摘する

そこが
悪いところ
だと思うな

自慢話が多い人には、そっと注意しましょう。人前で注意するとメンツをつぶすので、こっそり伝えましょう。「○○はすごいと思うけれど」と相手をほめてから、「だけど」と言って注意します。

自慢話は無視する

……

自慢話が始まったら、あいづちを打たずに無視します。相手の存在を無視するのではなく、話題に反応しないようにするだけ。「自慢をすると話が盛り上がらないこと」を相手に理解してもらいましょう。

ると不機嫌になる、いつも自分のことしか考えないなど、**社会生活に影響を与える場合は、「自己愛性パーソナリティ障害」の可能性もあります。**「うぬぼれ屋さん」程度のナルシストなら、周囲の人が注意することで、その傾向を抑えることができます。自分にナルシストの傾向があることを自覚してもらいましょう。

ちょっと+α

「ナルシスト」の由来はギリシア神話

ギリシア神話に登場する美少年ナルキッソスが「ナルシシズム（自己愛）」の由来。そこから転じて「ナルシスト」となりました。この少年は、女神アフロディーテーの怒りをかったため、自分しか愛せない人に……。湖の水面に映る自分の姿を愛し、そこから離れられなくなった少年は、自分の姿に口づけをしようとして湖に落ち、死んでしまったのです。

「あの人と知り合い」が口癖！「スゴイ人＝あなた」ではないのに……

他人の栄光にあやかり自慢する人

甲子園で活躍した
○○ってさぁ…
地元一緒で…
甲子園
ハイライト
他人の話だろう…
人気歌手の
○○は友達の
友達でさぁ〜

知っておこう

関連付けで自分の価値を高めようとする

「スゴイ人と関係のある自分はスゴイ」と考える傾向を「栄光浴」と呼びます。この栄光浴は、他人の印象を操作しようとする「自己呈示」の一種です。

栄光浴でアピールする人の考え方

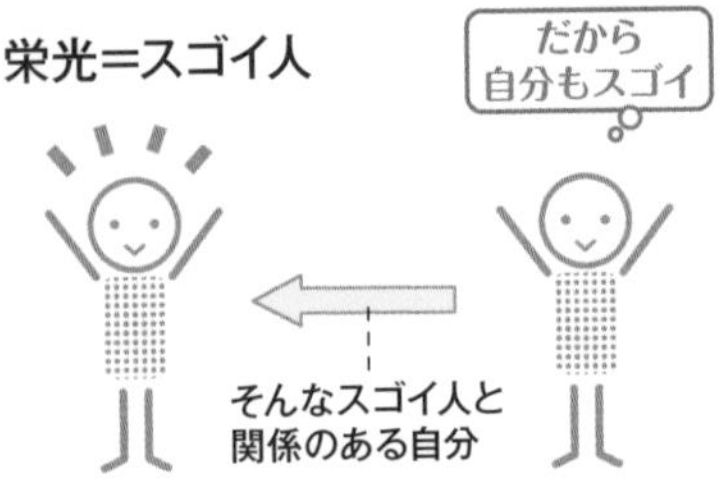
栄光＝スゴイ人
だから
自分もスゴイ
そんなスゴイ人と
関係のある自分

栄光浴
他者が放つ栄光を、自分も浴びようとする傾向。高い評価を得ている人や集団と自分を関連付け、それを強くアピールすることで、自尊感情（自分を尊い存在だと意識すること）を高め、自分に対する評価を上げようとする心の働きを指す。

印象を操作しようとする傾向はだれにでもある

「モデルの知り合いがいる」「芸能人と友だちになった」など、有名な人との関係を言いふらす人がいます。**ここには「栄光浴《えいこうよく》」の気持ちが働いています。**有名な人や評価が高い人と身近な関係であることをアピールすることで、自分の評価が高まると考えてしまうのです。

この「栄光浴」が強い人は、逆に、**評判の悪い人や評価の低い人と距離を置こうとする傾向**があります。「親しくすると自分の評価が低くなる」と考えるからです。

このように**他人から見た自分の印**

私って
やっぱり
スゴイ！

使える&役立つ 何でも相談できる友人を探す

印象を操作して自分の評価を上げようとする**「自己呈示」の傾向はだれにでもあります。**この傾向が強くなりすぎると、社会的に孤立してしまうことも。そんなとき、心から共感できる友人がいれば安心。友人に相談すれば、「虚勢を張るのはむなしい」と気づけます。

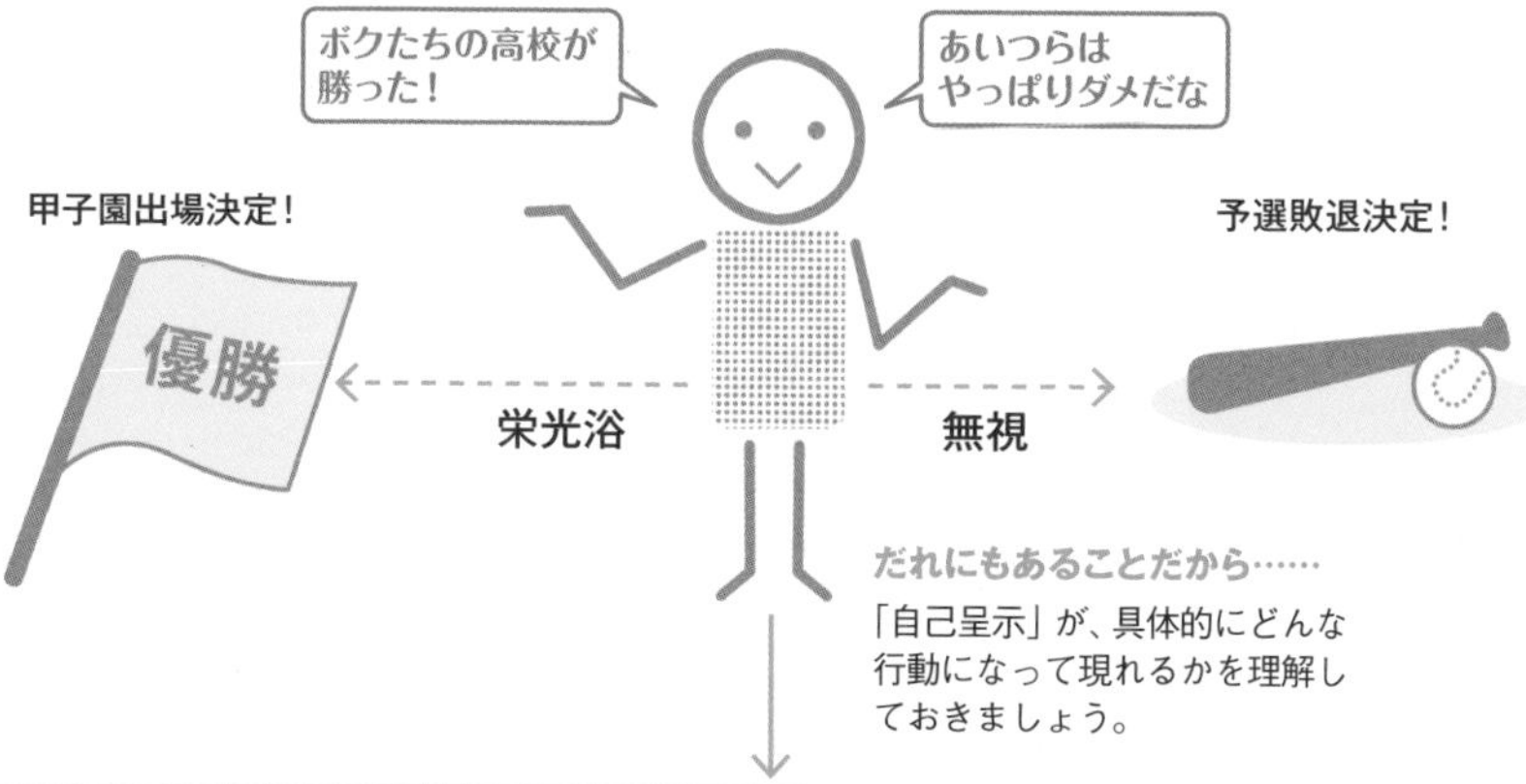
ボクたちの高校が勝った！
あいつらはやっぱりダメだな
甲子園出場決定！
優勝
栄光浴
予選敗退決定！
無視
だれにもあることだから……
「自己呈示」が、具体的にどんな行動になって現れるかを理解しておきましょう。

典型的な自己呈示行動

自己宣伝	示範	威嚇	取り入り	哀願
自分の能力、魅力、影響力が実際以上にあるように見せかける行動。	自分が社会的に価値のある、立派な人であるかのように見せかける行動。	相手を強制する権力、権限が自分にあるかのように見せかける行動。	有利に事を運ぶため、相手に取り入り、認めてもらおうとする行動。	自分があわれな存在であることをアピールして、同情や協力を促す行動。

象を操作しようとすることを「自己呈示」と呼びます。程度の違いはありますが、このような傾向はだれにでもあります。典型的な自己呈示の行動をしっかり自覚して、この傾向が強くなりすぎないように、うまく抑制しましょう。

ちょっと＋α

嫉妬をパワーに変える

脚光を浴びている人が、ライバルだったり、身近にいる人だったりする場合、栄光浴の代わりに嫉妬する気持ちが生まれることもあります。この嫉妬心は、「悪口を言う」「ケチをつける」など、ネガティブな行動に結びつけてしまいがち。しかし、逆に、この「悔しい」という気持ちをバネにして、自分を磨くモチベーションに変えることもできます。うまく転化できれば、自分を高めるきっかけになるので、「栄光浴」より意義がある、と考えることができます。

うわさ話が大好きな友人には？

「ねえねえ知ってる」が第一声！「女性＝うわさ好き」は本当なの？

知っておこう うわさ話の目的と効果とは？

うわさ話の目的は自分の身を守ること。脳内に神経伝達物質が放出され、不安・ストレスが緩和されるという効果があります。人を傷つけない他愛もないうわさ話は、決して悪いことではありません。

うわさ話の目的
周囲の人と
協調することで
自分の身を守る

うわさ話の効果
脳内化学物質の放出
↓
不安・ストレスの緩和

悪いうわさ話をする人に対抗する方法を覚えよう

うわさ話が好きな人はたくさんいます。**集団で生活するうえで、周囲の情報を収集しようとするのは当然のこと。**男性よりも女性のほうが、周囲の人と協調して身の安全を守りたいと考える傾向が強いため、一般的にはうわさ話が好きな人が多いとされています。

うわさ話をすると、脳内にドーパミンに似た脳内物質が放出され、不安やストレスを軽減する効果があるため、**必ずしも「うわさ話＝悪いこと」ではありません。**

しかし、相手が傷つくようなうわ

使える＆役立つ

詮索好きの人をはぐらかす4つの技

うわさ話が好きな人は、ふだんからネタの収集に余念がありません。第三者の話題を披露しながら、**あなたの情報を収集しようと質問を投げかけてくる**ので、上手に回避しましょう。この4つの技を実行すれば、自然にうわさ話を遠ざけることができるようになります。

話題転換の技

「あの話、知ってる？」

詮索するような質問をされたときは、「さあ、どうかな」などとあいまいな返事をしてから、「あの話、知ってる？」と別の話題に変えます。話題が変われば、質問に答える必要がなくなります。

そうそう！
あの話、
知ってる？

質問返しの技

「あなたはどうなの？」

詮索好きな人は、詮索されることが苦手。プライベートな質問をされたら、「あなたはどうなの？」と切り返してみましょう。相手が答えをにごすようなら、こちらも答える必要がありません。

あなたは？

プチ脅迫の技

「言っちゃおうかな？」

その場にいない人の悪口を聞いたら、一緒におもしろがらず、「言っちゃおうかな？」と返して牽制します。実際に告げ口はしなくても、こう返すことで、相手が悪口を言いにくい空気になります。

それは
ヒドイよー
言っちゃ
おうかな？

その場から退散する技

「そろそろ、行かなきゃ」

聞きたくないうわさ話が始まったら、「そろそろ、行かなきゃ」と言ってその場から立ち去ります。これを何度か繰り返せば「悪質なうわさ話にはつきあわないこと」をやんわり伝えられます。

ごめん

ちょっと＋α

職場で悪いうわさを流されたら？

職場の人間関係は複雑。自分に落ち度がなくても、根も葉もないうわさを流されてしまう場合もあります。そんなとき、じっとガマンしているだけではストレスがたまるので、「犯人を探すふり」をしてみましょう。本気で探すのではなく、さりげなく「うわさを流している人、知らない？」と周囲に聞いて回るだけでOK。これだけで、心当たりがある人は自重するようになります。また、「悪いうわさ」の内容を打ち消す効果も期待できます。

さを興味本位で広めるのは考えもの。うわさ話が好きな人は、話の最中にネタを集めようとさまざまな質問を投げかけてきます。このときに、話題を転換する、質問返しをする、プチ脅迫、その場から退散するなどの方法で上手に対処しましょう。

みんなと一緒なら安心！　場の空気を読めない人には、なりたくない！

意見をはっきり言えない人は？

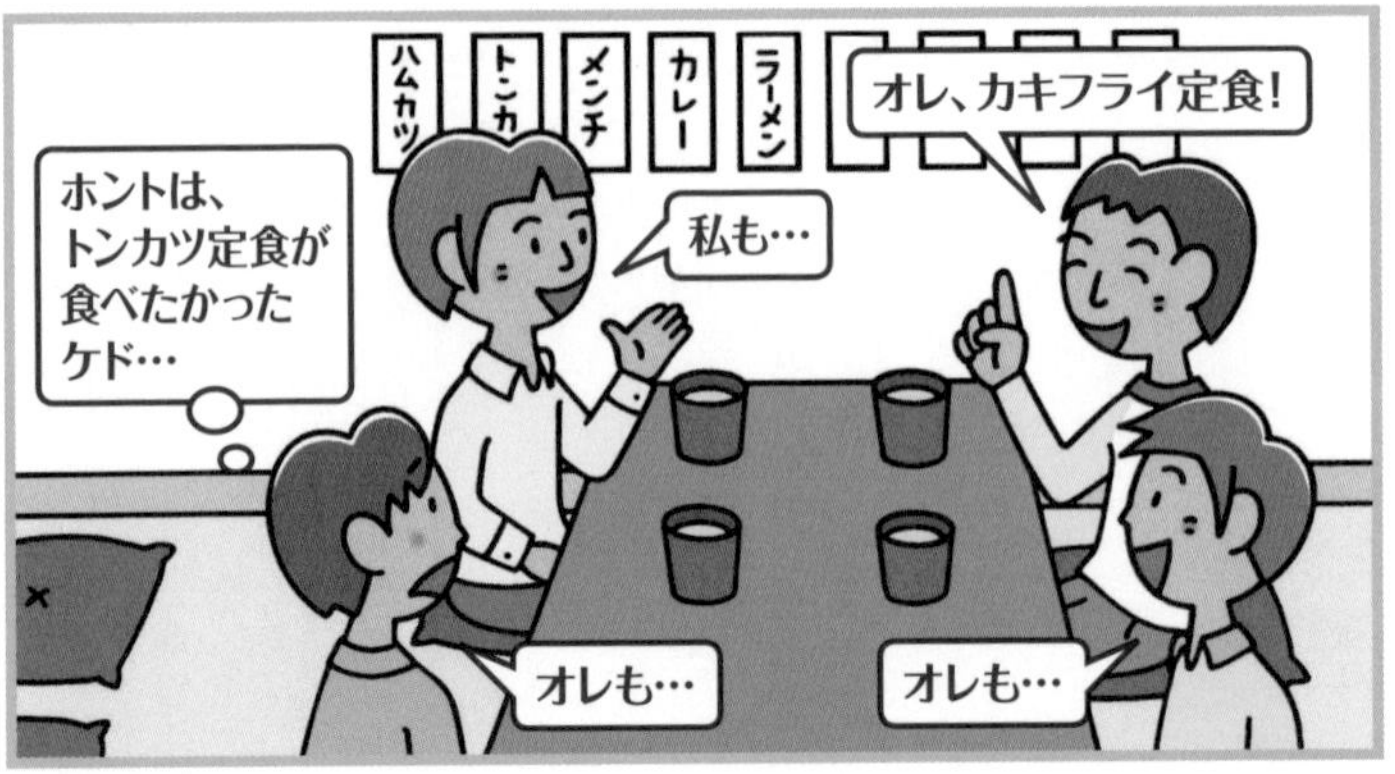

知っておこう　集団で浮くのは危険だから同調する

集団のなかで「多数派」と「少数派」に意見が分かれた場合、「同調圧力」が働きます。これは「少数派」を無視し、「多数派」の意見に従うことを強制する力です。

同調現象と同調圧力

社会心理学の用語。周囲の意見に賛同して、同じ行動をとるようになること。この場合、自分の意思よりも、集団が示す方向性を尊重することになる。この同調現象が起こると、異論を拒否し、集団の意見を強制するような力が働く。これは同調圧力（ピア・プレッシャー）と呼ばれる。

「同調圧力」を意識して　きちんと決断できる人に

私たちは、つねに周囲の反応を気にしながら生活しています。そのため、大多数の意見には従いたくなり、評判の良い店には足を運んでみたくなります。これは「同調」と呼ばれる心理現象です。

日本には「和を重んじる」という考え方があり、自己主張が強い人が敬遠される傾向があるため、「同調」する人が多いとされています。

会社、学校など、**特定の集団に所属する人には「同調圧力」と呼ばれる力が働きます。**これは「意見に賛同して同じ行動を求める」という目

使える＆役立つ 同調圧力に流されずに正しい判断を

大多数の意見に同調する場合は、**同調圧力に流されると正しい判断ができなくなる**ことがあります。一方、同調しない場合は「不安定な立場」を覚悟する必要があります。「同調する場合」と「同調しない場合」の違いを理解して、冷静に判断しましょう。

同調する場合

賛成！
みんなと
同じ意見です

自分で考える必要がないのでラクです。多数派のうしろ立てもあるので安全。一方、同調圧力に流されて正しい判断ができなくなる可能性があります。

同調しない場合

反対！
私は違う
意見です

よく考える必要があります。少数派は孤立しやすく「好かれていない」と感じます。不安になっても、多数派の意見に流されずに正しい結論を導ける可能性もあります。

同調する場合		同調しない場合
選択の労力がいらない	←→	よく考える必要がある
独創性や個性が生まれない	←→	独創性や個性を発揮できる
集団の力による順風が吹く	←→	孤立しやすく、逆風が吹く
「好かれている」と実感できる	←→	「好かれていない」と感じる
「正しい判断」と安心できる	←→	判断に自信が持てない

に見えない力です。

同調するのは必ずしも悪いことではありませんが、**何となくこの同調圧力に流されるのは考えもの。**「同調する場合」と「同調しない場合」の違いを理解し、**そのつど冷静に判断できる人になりましょう。**

ちょっと＋α

日本人は同調圧力が強い？

「場の空気」を優先する気持ち（同調圧力）は、どんな集団にも発生しますが、とくに「自分たちは同じような仲間」と考える人々の間で発生しやすいと考えられています。つまり、同じような人ばかりだから、意見も一致するはずだ、となるわけです。日本は島国で、個性よりも集団の和を尊重する傾向があるため、同調圧力が強いと予測することはできます。しかし、宗教上の問題などもあるため、ほかの国と容易に比較することはできません。

気分屋で極端な考えをするのは？

天国と地獄の間を行ったり来たり！ 衝動的な行動にびっくり！

知っておこう　感情の起伏が激しいのは障害が理由？

境界性パーソナリティ障害の特色は極端な言動。「天国」のようにハッピーな気分と「地獄」のようなアンハッピーな気分を繰り返します。

境界性パーソナリティ障害の3つの特徴

①「白か黒か」と考える
②対人関係が不安定になる
③衝動的な行動が増える

境界性パーソナリティ障害

人間関係において柔軟性がなく、社会生活がうまくいかない状態を「パーソナリティ障害」と呼ぶ。この一種で、感情の波が大きかったり、「良い・悪い」を両極端に判断したりする状態を「境界性パーソナリティ障害」と呼ぶ。ほかに、強いストレスを抱えるという特徴もある。

協調性がまったくない人は病気の可能性もある

考え方や行動の変化が激しく、人と人との関係をうまく結べない人がいます。「わがまま」「気分屋」「気まぐれ」など、短所のひとつという程度であれば問題ありませんが、**つねに周囲の人と協調できず、トラブルメーカーになってしまうようなら、「パーソナリティ障害」の可能性を疑う必要があります。**

この障害には、さまざまな種類がありますが、**もっとも代表的とされているのが「境界性パーソナリティ障害」です。**これはおもに20代の女性に見られる症状で、「極端な考え

使える&役立つ　ルールを決めて「できる」を明確に

病気かどうかを見きわめるには、**「社会生活に支障があるかどうか」**を判断の基準にしましょう。もし、病気なら、どんなに親しい間柄でも、完全に受け止めようとしないことが大切です。ひとりで悩まず、医師に相談することを考えましょう。

「白か黒か」と考える
- 最高に幸せ／不幸のどん底
- 大好き／大嫌い

対人関係が不安定になる
- 「見捨てられた」と不安になる
- かんしゃくを起こす

衝動的な行動が増える
- アルコールにおぼれる
- 過食
- 自分を傷つける

× 完全に受け止める

へろへろ
へとへと

完全に受け止めようとすると、極端な言動に振り回され、へとへとになります。

○ 部分的に受け止める

これはOK!
これは知らんぷり

親族や恋人など親しい間柄でも、ある程度は割り切ること。周囲の人の力も借ります。

それでもダメなら → **医師に相談する**

方」や「衝動的な行動」が特徴です。症状が重くなると、暴言、暴力、過食、自傷行為など、危険な行動をとる可能性があるので見過ごせません。

パーソナリティ障害は本人が自覚できないことが多いため、家族や親しい友人が受診の機会をもうけるように働きかけましょう。

ちょっと+α

ほかのパーソナリティ障害は?

パーソナリティ障害には、さまざまな種類があります。たとえば、演技性パーソナリティ障害は、他人の関心や注目に過剰な関心を抱き、そのために信用を失くすような行動に出ます。外見や性的魅力に関心を寄せる点が特徴です。また、規則を守るのが苦手で自己の利益のために平気でウソを繰り返す反社会性パーソナリティ障害、自己愛性パーソナリティ障害(66ページ)などがあります。

調子良くお世辞ばかり言う人は？

ヨイショが過剰で落ち着かない！ 相手を持ち上げる理由が知りたい

知って
おこう

ヨイショは好意を得るための迎合行動

ヨイショをするのは相手に受け入れてもらいたいから。自分を卑下する、親切にする、意見に同意するなど、人はさまざまな迎合行動を組み合わせて、相手の好意を得ようと努力します。

迎合行動の種類

自分を卑下する
「私なんて……」と、自分を低く見せることによって、相手を持ち上げます。自己評価が低い人ほど自分を卑下する傾向があります。

親切にする
相手の行動に注意をはらって、気にかける行為。行きすぎた行動の場合は、お節介になり、相手に煙たがられるので要注意。

意見に同意する
相手の意見に同意することで、仲間意識が生まれます。ただし、いつも同調していると自分の意見がない人だと思われてしまいます。

相手をほめそやす
「スゴイ」「さすが！」とお世辞を言って、相手をいい気分にさせます。明らかにウソとわかるような言葉は逆効果。

あからさまなヨイショにはヨイショで返す

「すばらしいですね」「スゴイですね」とほめてくれる人には、だれもが好感を持ちます。ほめられるとうれしくなるのは自然な反応なので通常は問題はありませんが、**相手がただヨイショしているだけの場合もあるので注意が必要です。**

「ヨイショ」は心理学において「迎合行動」の一種と考えられています。この行動の目的は「相手の好意を得ること」。**ほめることだけではなく、自分を卑下する、親切にする、意見に同意するなども、すべて「迎合行動」の一種です。**

使える＆役立つ

相手の態度に合わせて対応を決める

適度な迎合行動なら何も問題はありません。迎合行動があからさまな場合、見えすいたヨイショを言われた場合も、**「好意を持ってほしいから」と考えて許容します**。もし、ガマンできない場合は、自分も迎合行動をやり返すことで、相手の行動を抑制できます。

迎合行動
相手の好意を得る目的で行動すること。お世辞を言ったり、ゴマをすったりするのも迎合行動の一種。

過度な迎合行動

もやもやする
本心は違う？
バカにしてる？

ほめ返す

○○さんのほうがスゴイ！

過度な迎合行動を返すことで、相手も恥ずかしくなり、行動を控えるようになります。

受け入れる

好意を持ってもらいたいんだな

指摘すると角が立つので、できるだけ受け入れます。相手の行動の目的を考えて許容しましょう。

このような迎合行動は、あまりにも過度な場合、人を不愉快にさせます。しかし、その行動を正面から指摘すると角が立ちます。相手のメンツをつぶすことになるため、できるだけ受け入れるように努力しましょう。もし、どうしても目に余る場合は、「○○さんのほうがスゴイですよ」など、相手をほめ返すことで、行動を抑制できます。

ちょっと＋α

防衛的自己呈示もある！

自分の立場を良くするために、相手に与える印象を良くしようとするのが自己呈示。お世辞やゴマすりなど、自分から積極的に働きかける行動は「主張的自己呈示」に分類されます。一方、非を認めずに弁解する、許しを得ようとして謝罪するなどの行動は、「防衛的自己呈示」と呼ばれています。

いつも一緒にいたがる人は？

人当たりがよく、みんなに好かれるけど、ひとりでは行動できない！

知っておこう

親和欲求の強い人と、弱い人の違い

親和欲求が弱い人は独立心がある「わが道を行く」タイプの人。強い人は、つねに仲間と群れたがる人、周囲の評判をつねに気にするタイプの人です。

弱い人　**親和欲求**　強い人

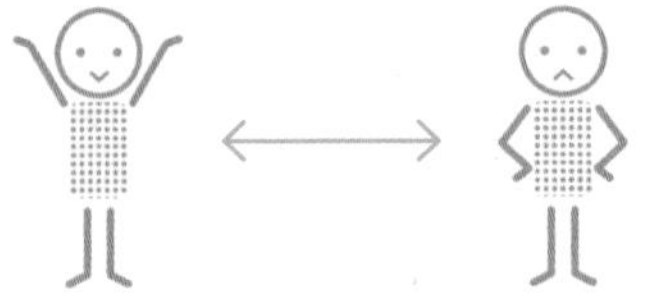

弱い人
- 独立心がある
- 他人の目は気にしない
- 場の空気を読まない

強い人
- 仲間と群れたがる
- 周囲の承認を得たい
- SNSが好き

親和欲求
周囲の人と友好的な関係を保ち、それを維持したいと望む気持ちのこと。特定の集団やグループに属する人、友人や恋人とできるだけ一緒に過ごしたいと考えるのは、この親和欲求があるからだと考えられている。

親和欲求が強すぎると人間関係のトラブルに！

友人や恋人、パートナーといつも一緒にいたがる人は「親和欲求」が強い人です。これは、だれかと一緒にいたいと願う気持ちのこと。人間は集団で生活する社会的な動物なので、ごくごく自然な欲求ですが、その度合いには個人差があります。

親和欲求が強い人は「周囲の人に認めてもらいたい」願望が強いため、場の雰囲気や周囲の人の意見に合わせようと努力して、いわゆる「八方美人」になりやすい傾向があります。

また、**親和欲求が強い人は、その欲求が満たされないとき、大きな不**

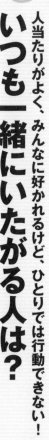

使える&役立つ　エスカレートしなければ問題なし

親和欲求が強い人にはさまざまな傾向がありますが、これは決して悪いことではありません。しかし、不安がどんどん高まり、「だれかに頼らなければ生きていけない」という状態は危険。親和欲求ではなく、**依存性パーソナリティ障害**を疑う必要があります。

仲間とうまくつきあいたい

ちょっと八方美人

親和欲求が強い人の傾向

男性	<	**女性**
第二子	<	**第一子**
兄弟あり	<	**兄弟なし**
内向的	<	**外向的**
不安感なし	<	**不安感あり**

男性よりも女性、第二子よりも第一子、きょうだいがいない人、外向的な人、不安感がある人が親和欲求が強いとされます。

↓ エスカレートすると

依存性パーソナリティ障害

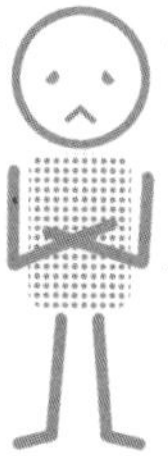

相手が離れていくのが極端に恐い

だれかに承認してもらわなければ行動ができない

生活を仕切ってくれる人が必要になる

ひとりになると不安でたまらない

第三者に対して度を超した保護を求めます。正常な社会生活が営めないようであれば、依存性パーソナリティ障害の疑いがあります。医師に相談してみましょう。

依存性パーソナリティ障害
自己の無力感と他者への依存を特徴とするパーソナリティ障害。自分は無力でひとりでは生きていけないので、頼らなければならないと思い込む。自己犠牲をいとわず相手に合わせ、度を超した保護を求める。

安を感じます。この傾向が強くなりすぎて、社会生活に影響を及ぼすようなら、依存性パーソナリティ障害である可能性もあります。

親和欲求をエスカレートさせないためにも、日ごろから自分を冷静に見つめる目を養うことが大切です。

ちょっと＋α

「八方美人」はダメな人？

「八方美人」という言葉には「だれにでもいい顔をしたがる人」というニュアンスが込められているため、否定的な文脈で使われます。しかし、「みんなに好かれたい」と願うのは人として自然な感情。結果的に周囲の人に良い印象を与えているのであれば、「バランス感覚が良い人」と評価することもできます。必ずしも「八方美人＝ダメな人」とレッテルを貼る必要はありません。

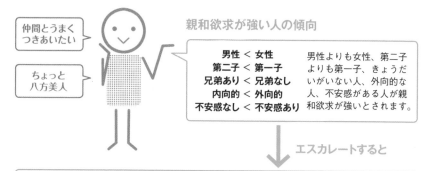

悪い人ではないけれど、いつも肩を落として元気がなさそう……

自信がなさそうに見える人は？

知って おこう

自尊感情が低い人は頼りなく見える

自尊感情が高い人はいつも堂々としているため、頼りがいがあるように見えます。一方、自尊感情が低い人はいつもおどおどしているため、頼りなさそうに見えます。実力があっても、そう見えないため、損をしてしまいます。

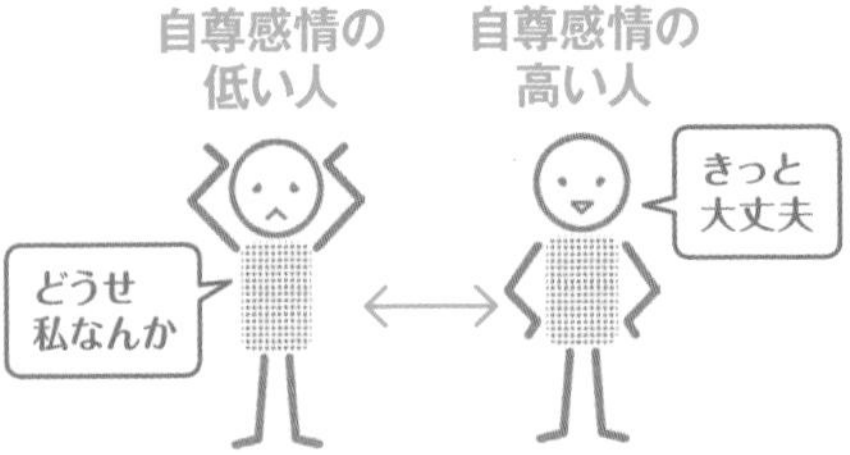

自尊感情
自分自身に対する自信、またはプライド。自尊感情が高い人は、自分に自信があるので、失敗してもくじけない。一方、自尊感情が低い人は、小さなミスに対してもくよくよ悩んでしまう。

プライドが低すぎる人は頼りなさそうに見える

自分に対するプライドを「自尊感情」と呼びます。**自尊感情の高い人は、いつも自信たっぷりで態度にも余裕があります。**ちょっと失敗しても、「自分なら挽回できる」と信じているので、あわてません。

一方、**自尊感情の低い人は、いつも他人の顔色をうかがいおどおどしています。**ちょっと失敗すると落ち込み、「やっぱり自分はダメだ」と考えて、くよくよします。第三者から見れば、いつも自信がなく、頼りなさそうに見えてしまいます。

自尊感情は幼少期の親の愛情によ

使える&役立つ

無条件の自尊感情を育てよう

自尊感情は高ければいいというわけではありません。何らかの権威をよりどころにする「条件つきの自尊感情」は、その権威がなくなれば消えてしまいます。一個人としての自信をベースにした**「無条件の自尊感情」を育む**ように努力しましょう。

条件つきの自尊感情

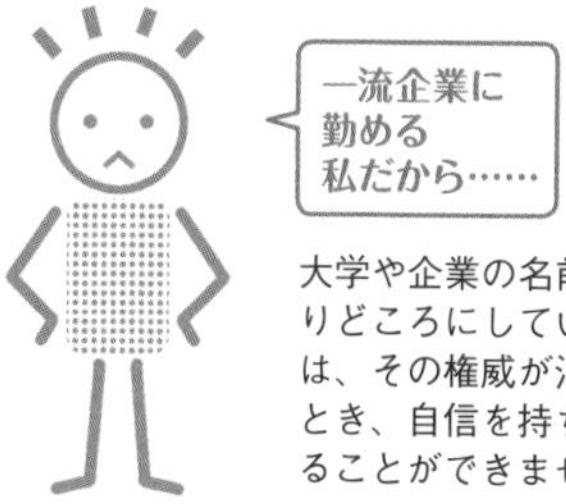
一流企業に
勤める
私だから……

大学や企業の名前をよりどころにしている人は、その権威が消えたとき、自信を持ち続けることができません。

無条件の自尊感情

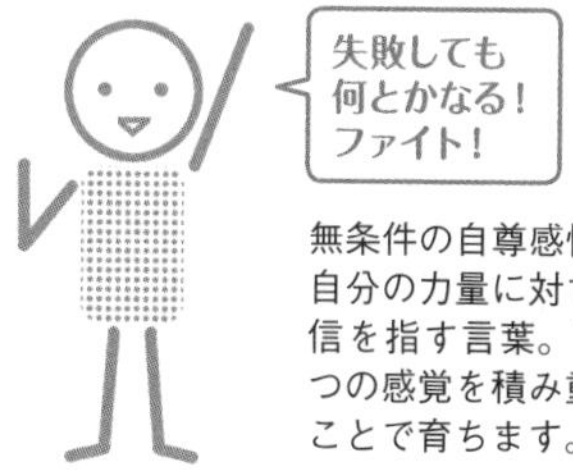
失敗しても
何とかなる！
ファイト！

無条件の自尊感情とは自分の力量に対する自信を指す言葉。下の4つの感覚を積み重ねることで育ちます。

自尊感情を高める4つの感覚

愛されている感覚……愛されているから価値がある！
社交性感覚……仲間がいて大切にされている！
勤勉性感覚……仕事をやりとげたから大丈夫！
自己受容感覚……「良いところ」を自覚する！

無条件の自尊感情を育てるためにはたくさん経験を積むことが必要です。左の4つの感覚を味わえる行動を積極的に選択しましょう。

って育まれるとされています。親にほめられたり叱られたりしながら、少しずつ自尊感情を高めていくわけです。自尊感情が低い人も、今からでも遅くはありません。**4つの感覚（愛されている感覚、社交性感覚、勤勉性感覚、自己受容感覚）を大切にして経験を積み上げれば、自尊感情を高めることができます。**

ちょっと+α

自尊感情を決める方程式

アメリカの心理学者ウィリアム・ジェームズによれば、自尊感情の高低は、本人の願望がどの程度達成されたかによって決まるとされています。これを方程式で表せば、「自尊感情＝成功÷願望」となります。つまり、心のなかにある「願望」が大きければ大きいほど、それが達成されなかったとき、自尊感情が低くなってしまうというわけです。

ただの謙遜じゃない！結果が出る前に「言い訳」を用意する人の理屈

「私はダメ」と予防線を張る人は？

知っておこう　予防線を張っておけば傷つかない

事前に予防線を張る「セルフ・ハンディキャッピング」は、傷つかないためには有効な方法。しかし、予防線を張る人は「何が何でも達成するぞ」という気持ちが弱まるため、達成する確率が下がると言われています。

さまざまな予防線
- 自信がない
- 体調が悪い
- 準備していない
- 難しすぎる
- 時間がない

→ 失敗 --> ショックが弱まる
→ 成功 --> 価値が高まる

セルフ・ハンディキャッピング
何かに取りかかる前に、その成功を妨げるような障害を公言したり、アピールしたりすること。もし、失敗しても、ショックをやわらげる効果があるため、大きな傷にはならないですむと考える。

事前に言い訳を用意すると成功率が低くなる

スポーツをやる前に「久しぶりだからなぁ」と言い訳することや、資格試験の前に「忙しくて勉強できなかった」と**予防線を張ることを、「セルフ・ハンディキャッピング」といいます。**

先にこれをしておけば、たとえ結果が悪くても、「○○だから仕方がない」とショックをやわらげることができます。もし、結果がよければ、「○○なのにがんばった」と自分の価値を高めることができます。つまり、どちらに転んでも自分にとって都合がいいわけです。

使える＆役立つ

五分五分の勝負を選ぶ人が成長する

セルフ・ハンディキャッピングを好む人は「達成欲求の弱い人」ともいえます。アトキンソンの実験によると、達成欲求の弱い人は**言い訳がしやすい条件**を選びます（下欄参照）。一方、達成欲求の強い人は、自分が努力すれば達成できる５分５分の勝負を選びます。

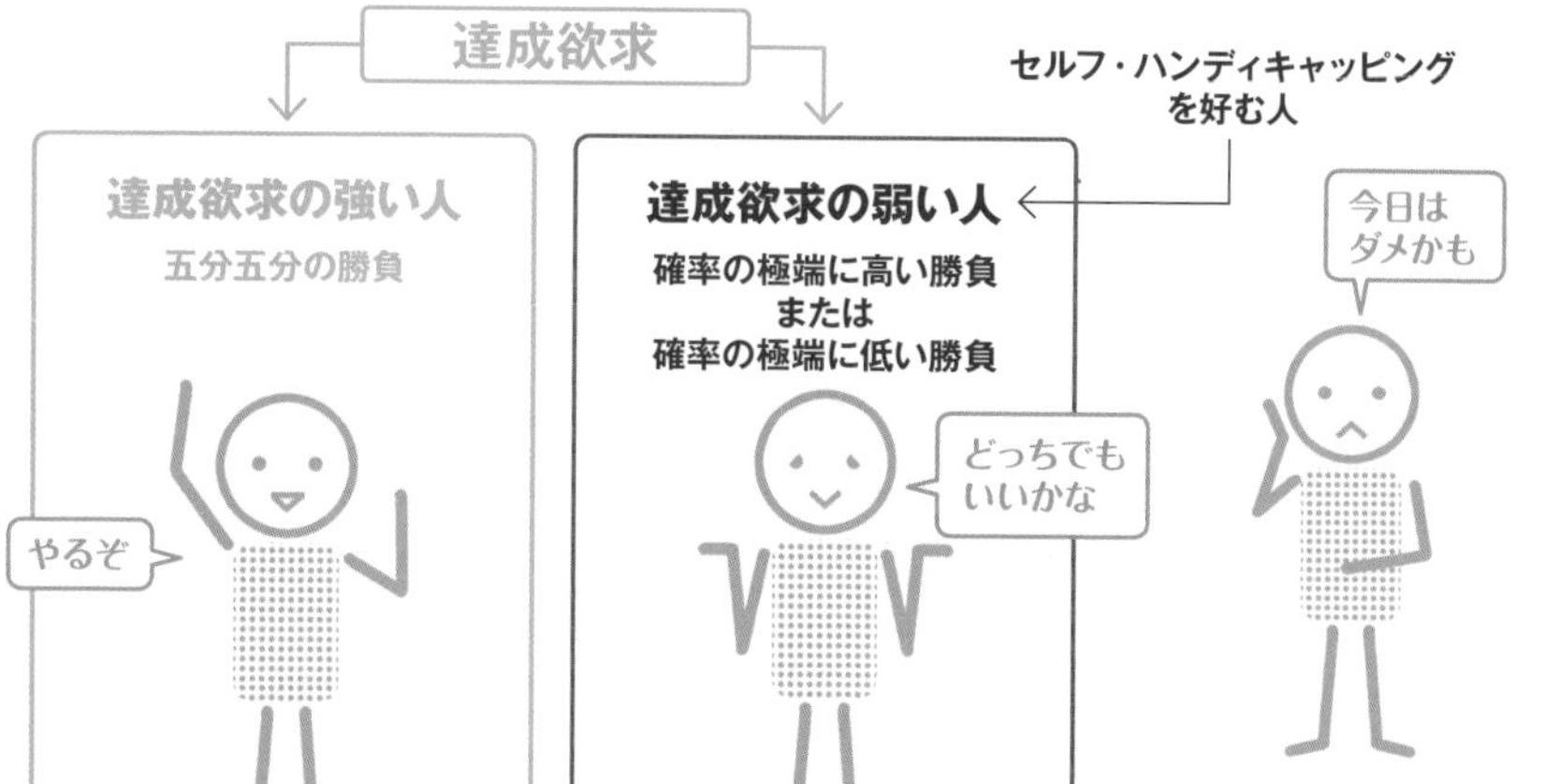

達成欲求の強い人は、努力すれば手が届く五分五分の勝負を選ぶ傾向があります。そして、努力すれば成長します。

↓

成長する

達成欲求の低い人は「確率の極端に高い（低い）勝負」を選択。勝負にこだわらないため、成長しません。

↓

成長しない

達成欲求（達成動機）
自分に課題を与えて、それを実行しようとする意欲のこと。失敗を恐れて予防線を張るセルフ・ハンディキャッピングは、達成欲求が低い人が行いがちな行動とされている。

しかし、**このセルフ・ハンディキャッピングをする人は、何かを成しとげたいと願う「達成欲求」が弱く、成功する確率も低くなる**というデータが出ています。言い訳から入る逃げ腰の姿勢が成功を遠ざけてしまうのです。自分が成長するためには、正々堂々と目標に立ち向かう必要があるというわけです。

ちょっと＋α

アトキンソンの輪投げの実験

心理学者ジョン・アトキンソンは、事前の心理テストで達成欲求の「強い人」と「弱い人」に分け、自由に距離を選べる輪投げの実験を行いました。すると、「強い人」はトライに適切な中間距離を選択。「弱い人」は絶対成功する近距離または、確率が低い遠距離を選択しました。つまり、達成意欲の強い人ほど、努力すれば手の届く適切な課題を選択する傾向があることがわかりました。

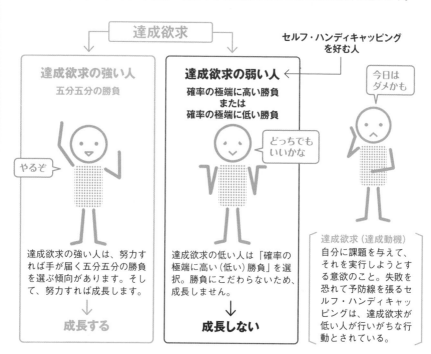

友だち 10

いつも理屈っぽい話をする人は？

専門用語や抽象的な言葉を連発！「頭がいい」と思われたいのかな……

うん、別れたいの
つまり君の主張としては、ボクといることで時間および身体的自由が拘束されボクからライン返信の催促があると心理的リアクタンスによってますます返信したくなくなり…

知っておこう　向き合いたくないから知識に逃げる

人はストレスから身を守るために、さまざまな防衛機制を実行します。自分の感情に素直に向き合うのがつらいときは、防衛機制で回避してもOKです。

自分の感情に素直に向き合う
・失敗
・不満
・不快
知性化
防衛機制の一種

防衛機制
自分の欲求が満たされず、それがストレスになったとき、人は自分を守るためにさまざまな行動をとる。不快な感情から身を守ろうとするこの心の働きを防衛機制と呼ぶ。理屈っぽい人の「知性化」も、この防衛機制の一種と考えられている。有名な心理学者フロイトが提唱した理論。

その現象は学術的には……

身を守ることは悪くないが極端な行動には要注意

「それに関しては諸説あり、○○学説によると……」などと、専門用語をちりばめ、第三者的な立場から物事を難しく語る人がいます。まわりからは「理屈っぽい」「面倒くさい」と敬遠されがち。**この行動は「知性化」と呼ばれるもので、「防衛機制」の一種と考えられます。**

そもそも「防衛機制」とは、不快な感情から身を守ろうとする行動のこと。自分の気持ちや感情を素直に出すことを恐れているため、**知性的な言葉を並べて自分の感情をおさえ、防衛しているのです。**

使える&役立つ 防衛機制のさまざまな行動パターン

人は日常的にさまざまな行動を通して防衛機制を行い、**ストレスや不安な気持ちを軽くしよう**とします。ここで紹介する行動パターンを覚えておきましょう。自分の行動を自覚し、他人の行動の理由を理解すれば、人づきあいを円滑に行えるようになります。

自分も
他人も
理解できる

無意識に追いやる
欲求や不快な気持ちを無意識に追いやり、もとからなかったことにします。

理由を正当化する
都合の悪いことに理由をつけて正当化。これは「合理化」と呼ばれています。

責任転嫁をする
自分のなかにある罪の意識を認めたくないときに、他の人に押しつけます。

反対の行動をとる
自分の欲求とは正反対の態度をとること。「反動形成」と呼ばれる行動です。

他のもので埋める
満たされない欲求を類似した別のもので満たします。「代償」と呼ばれる行動です。

現実から逃げる
現実から逃れることで、不安を解消しようとします。「逃避」と呼ばれる行動です。

他のものに転化
満たされない欲求（例：性的な欲求）を他のもの（例：スポーツ）に転化して解消すること。

やつあたりする
抑圧された感情を別の対象に向けて解消します（例：上司への不満を家族で発散）。

他人のマネをする
自分にとって価値のある人やものに同化することで、不安を解消しようとする行動。

この防衛機制は決して悪いことではありません。ストレスから身を守るためには当然の行動です。しかし、**極端な行動を選択すると人間関係にヒビが入る恐れもある**ので、注意が必要です。

上の欄で紹介している防衛機制によるさまざま行動パターンを確認して、周囲の人に迷惑をかけないように配慮しましょう。

ちょっと＋α

フロイトの「3つの領域」とは？

心理学者フロイトは人間の心が3つの領域で構成されていると主張しました。この3つの領域とは「意識」「前意識」「無意識」。「意識」とは、その人が直接的に心の現象として経験していること。「前意識」とは、注意を向ければ思い出せる心の働きのこと。そして、「無意識」は、本人が気づかない心の働きを指す言葉です。

写真に撮られるのを嫌がる人は？

カメラを向けると撮影拒否！ 恥ずかしがり屋なのはわかるけど……

〇〇記念館
撮って〜
一緒に写ろうよ！
入口
私、カメラニガテなんだよねー

知っておこう

写真嫌いは理想と現実にギャップあり

理想の自分と、他人の目に映る自分（鏡映的自己）にギャップがあるときは、嫌な気持ちになります。これがカメラから逃げ回る理由です。

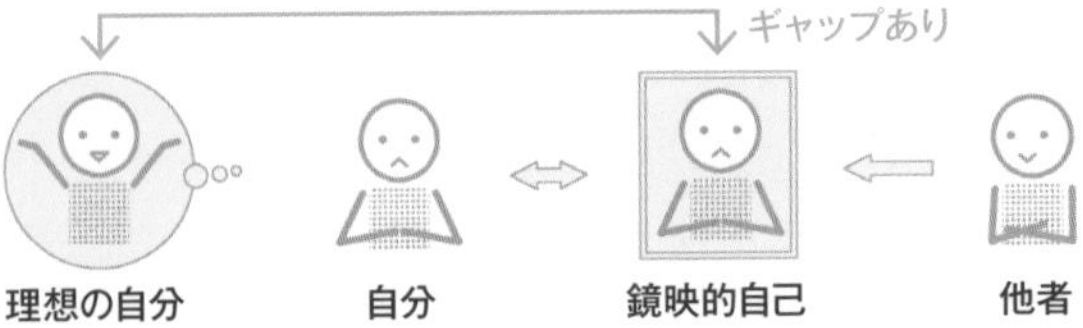
ギャップあり
理想の自分
自分
鏡映的自己
他者

鏡映的自己
アメリカの社会学者チャールズ・クーリーは、「他者が自分をどう評価しているか」は、他人との関わりを通じて知ると指摘。このとき、他者という鏡を通して作り上げた自分を「鏡映的自己」と呼ぶ。

ダメ！撮らないで！

写真の撮られ方を見ればその人の性格がわかる

カメラを向けられると喜んでポーズをとる人がいます。一方で、極端に嫌がる人もいます。一般的に前者はオープンで外向的な人で、後者は閉鎖的で内向的な人とされます。

これをもう少し掘り下げて考えてみましょう。

カメラを向けられたとき、人は「周囲の注意が自分に向いている」と感じます。このとき、**理想の自分と現実のギャップが小さい人は、カメラに向かって積極的にポーズをとれます。逆に、理想と現実のギャップが大きい人は、撮られることが嫌で逃**

使える&役立つ

写真の撮られ方で友人の性格がわかる

カメラを向けられたときに、**相手がどんな反応をするかを観察して**みましょう。「みんなの目が自分に向いている」と強く意識しているときの反応に、その人ならではの性格や性質が現れます。どんな人か理解できれば、その後のおつきあいに活かせます。

積極的に写りたがる

理想の自分と鏡映的自己のギャップがあまりない人。自分に自信があるため、他人の目を必要以上に強く意識することはありません。現実的な考え方ができる人でもあります。

びしっと決め顔で写る

いつも同じ角度、同じ表情の「キメ顔」で写真に写ろうとする人は、ナルシストの傾向があるかもしれません。プライドが高く、自分が場の中心に居ることを好む傾向があります。

とても自然に写る

自己顕示欲が強くなく、協調性のあるタイプ。周囲の状況をよく観察しており、つねに適切な行動を選択できるため、みんなに信頼されますが、少し八方美人の傾向もあります。

あえて変顔で写る

好んでヘン顔をするのは、「カメラで撮られていること」を強く意識しているから。照れ隠しの一種と考えられます。自己主張は強いほうですが、恥ずかしがり屋の一面もあります。

げ回るようになるというわけです。

つまり、撮影を極端に嫌がるのは、「他人からこう見られたい」という理想が高い人と考えられます。

このように、**写真の撮られ方によって、その人の性格をある程度は予測できます。**友人や知人の態度を観察して性格をつかみ、その後のおつきあいに活かしましょう。

ちょっと+α

写る顔の向きで印象が変わる

脳は右脳と左脳に分かれています。おもに感情を司る右脳は、体の左側を支配しています。そのため、写真に撮られるとき、顔の左側を強調すれば、優しくソフトなイメージになります。逆に、おもに論理的思考を司る左脳は、体の右側を支配しているので、そちらを強調すれば、クールで理知的なイメージを演出できます。

友だち
12

勝敗に一喜一憂！ そこまで真剣に応援しなくてもいいのに……
チームの熱狂的なファンとは？

やったあぁぁ
ゴォォォル！
リーグ優勝だぁぁ

知って
おこう

「集団＝自分」と考える心理は共通

「集団同一視」とは、「集団＝自分」と考えること。自分のことなので、「必死になって集団に貢献するのは当たり前のこと」と考えるようになります。

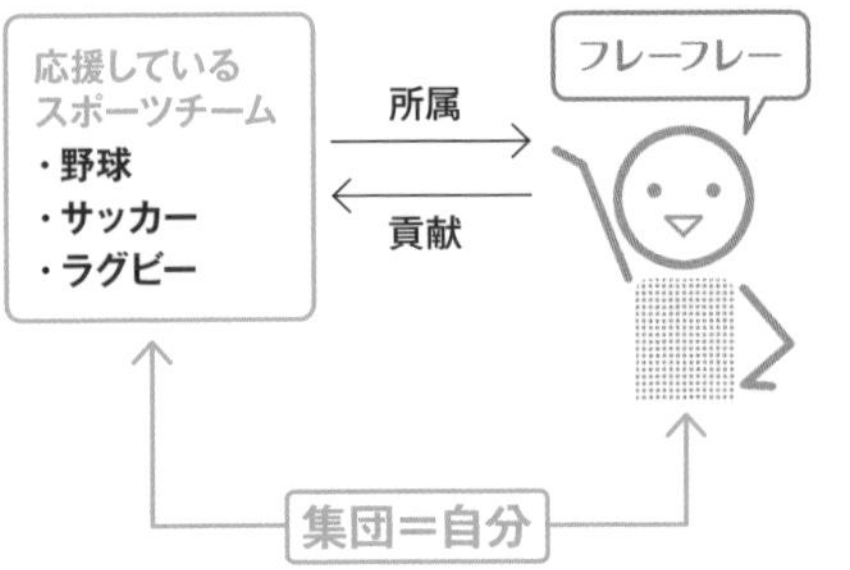
応援している
スポーツチーム
・野球
・サッカー
・ラグビー
所属
貢献
フレーフレー
集団＝自分

集団同一視
ある集団に所属することが心地よく感じられると、その集団に対して親愛の情を抱くようになる。同時に集団に対して尽くすことに喜びを見出し、やがて「集団＝自分」と考えるようになる。これが「集団同一視」と呼ばれる状態だ。

特定の集団に属していれば身びいきするようになる

フレー
フレー

野球やサッカーの熱狂的なファンは、なぜあんなに夢中になるのでしょうか。ひいきのチームと自分を同一視しているため、チームが負けると大きく落胆します。**これは「集団同一視」と呼ばれる心理です。**

この「集団同一視」では「集団＝自分」と考え、**自分が所属する集団をつねに「ひいき目」で見るようになります。**この場合、自分が所属する集団は「内集団《ないしゅうだん》」、所属していない集団は「外集団《がいしゅうだん》」と呼ばれます。

たとえば、人物Aが内集団に所属している場合は、「優秀な人」などと

使える&役立つ 内と外を意識して結束力アップ

自分が所属している「内集団」の人には評価が甘くなり、「外集団」の人には評価が厳しくなる傾向があります。この傾向を利用してライバル意識をあおれば、**団結力が高まります。** ただし、過度なライバル意識が不要な対立を生むこともあるので注意が必要です。

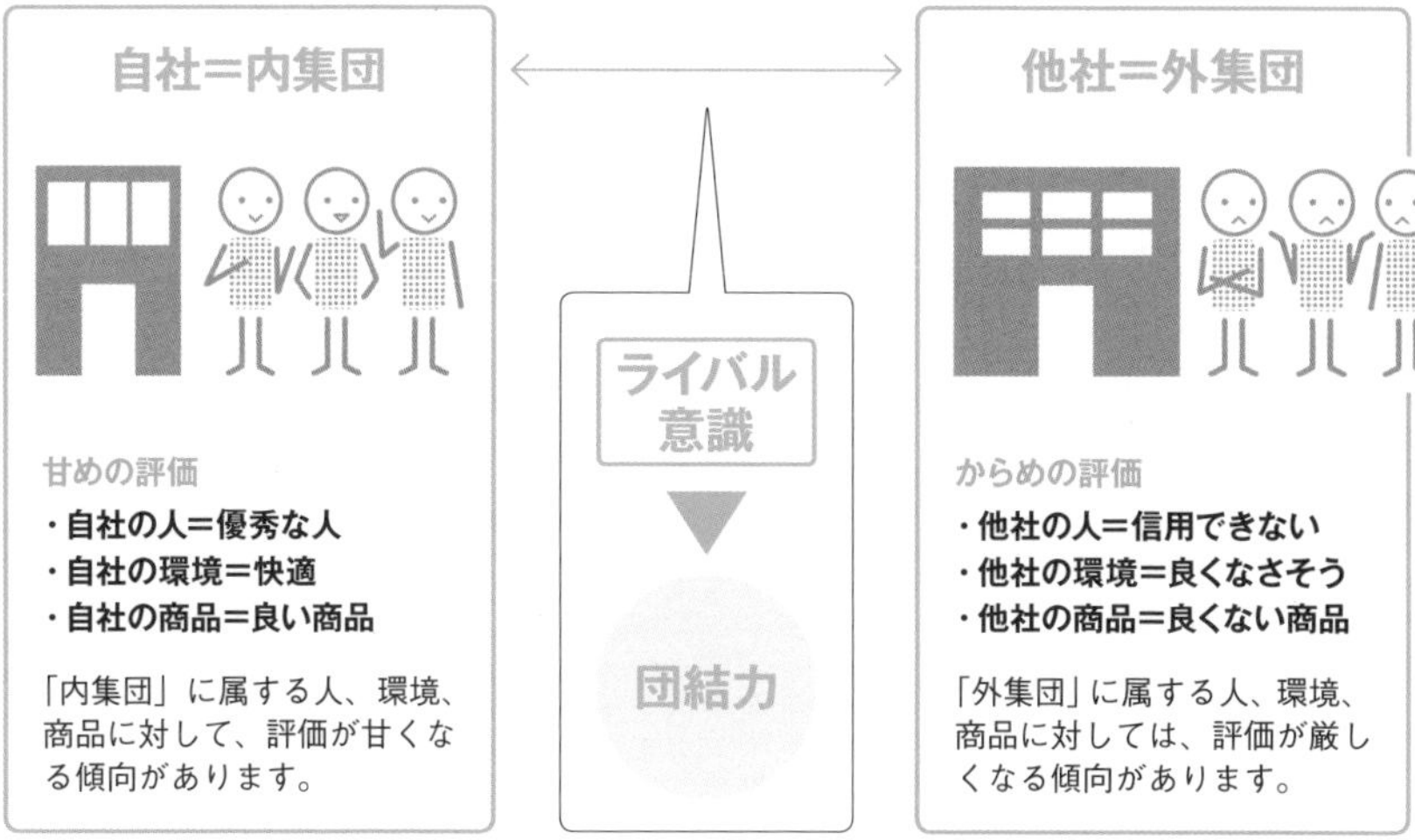
自社＝内集団
甘めの評価
・自社の人＝優秀な人
・自社の環境＝快適
・自社の商品＝良い商品
「内集団」に属する人、環境、商品に対して、評価が甘くなる傾向があります。
ライバル意識
団結力
他社＝外集団
からめの評価
・他社の人＝信用できない
・他社の環境＝良くなさそう
・他社の商品＝良くない商品
「外集団」に属する人、環境、商品に対しては、評価が厳しくなる傾向があります。

内集団と外集団

「内集団」とは、自分が所属する集団。一方「外集団」とは、自分が所属していないため「他者」と感じられる集団。人はだれでも、内集団を高く評価する一方で、外集団には厳しく評価を下す傾向がある。

考えがち。逆に、Aが外集団の人なら、「信用できない人」と評価してしまう傾向があるというわけです。**特定の集団に所属していれば、大なり小なり、このような心理が働くこと**を理解して、社会生活に役立てましょう。自覚すれば、極端な偏見を抑制できます。

ちょっと＋α

アイデンティティとは?

「アイデンティティ」とは「自己同一性」のこと。心理学者E・H・エリクソンが定義した概念で、自分が何者であり、何をすべきかについて、心に刻まれるものを指す言葉です。「集団同一視」において問題が発生するのは、それが、唯一のアイデンティティであった場合。視野が狭くなり、「自分の居場所はここしかない」と感じてしまいます。拠り所が複数あれば、冷静な目を失うことはありません。

口癖でわかる性格と心理

**会話の最中に、それぞれの性格や気持ちが表れます。
知らず知らずのうちにこんな言葉を発していませんか？**

「要するに」「要は」「つまり」

話をまとめたがる人は、物事を分析するのが好きで、自信過剰な傾向があります。しかし、話の途中で何度も要点を整理しようとするのは、じつは考えがまとまっていない証拠です。せっかちな性格で、相手を退屈させせまいという気持ちから、焦りが出ているとも考えられます。あるいは、自分が望む結論へ相手を導きたいという自己中心的な面があるのかもしれません。このような言葉を言いがちな人は一度、自分の心理を見直してみましょう。

「いちおう」「とりあえず」「ひとまず」

無意識にこのような言葉を使うのは、自信がなく、自分を守りたい気持ちがあるからです。また、意識的にこうした表現をする人は、頑固者の可能性があります。人に指図されるのを嫌い「自分の意志による結果ではない」ことを強調しているからです。いずれにしても、相手に良い印象を与えないので、ビジネスの現場ではあまり使わないほうがいいでしょう。

「でも」「だけど」

このような言葉を口にする人は、物事のマイナス面に目を向けやすく、慎重で用心深いタイプです。ささいなことであっても、納得できないことがあれば、すぐに反論します。ただ、相手の言葉を否定することでしか自分の意見を表現しないのは、無責任な印象につながりやすく、相手にネガティブなイメージを与えてしまいます。まずは、相手の言葉を肯定する努力から始めてみましょう。

これすごい
気に入る
と思う

「すごい」「絶対」「めちゃくちゃ」

このような表現を多用する人は、つねに自分をアピールしたいタイプです。まわりの人に対してはっきりと自己主張をするので、頼りがいがあります。ただ、感情を大事にする半面、物事について深く考えない傾向もあります。一方で、相手に対して大きなリアクションをとる人は、場を盛り上げようとするサービス精神旺盛な人とも考えられます。まわりの空気を読む冷静さを持っているともいえます。自分はどちらのタイプなのか、自分の言動をふり返ってみましょう。

「私は」「オレは」「ボクは」

「自分」を強調したがるのは、「自分は他の人とちがう」という意識を持っている証拠です。このような人は「自己顕示欲」（自分をアピールして目立ちたいという欲求）が強いといえます。「オレって○○○だから」のように自分を定義するのは、「まわりからこう見られたい」「こうでありたい」という気持ちの表れです。それを押しつける図太さがある一方で、自分を縛りつけているため、窮屈さも感じているかもしれません。いずれにしても、相手にいい印象は与えないので、控えたほうが無難です。

オレは……

ほかにこんな口癖も

え〜っと
あの……

「え〜っと」「あの」
沈黙を恐れ、「何か言葉を発しなければ」という焦りの気持ちがあります。

「まあ……」
主張をやわらげることで相手と衝突することを避けようとしています。

「別に」「いや」
欲求不満や反発心の表れ。人との距離をとりたがる傾向にあります。

しぐさで読める相手の気持ち

何気ないしぐさにもその人の本音が表れます。
会話の最中に注目すべき動作を紹介しましょう。

座り方

浅く腰かけている

かなり緊張しています。居心地の悪さから、すぐに立ち上がれるように、無意識に浅く腰かけていると考えられます。

深く腰かけている

かなりリラックスしています。背もたれに体を預けている場合は、気持ちの余裕の表れでもあります。

前かがみになっている

相手に歩み寄り、話を聞き逃したくないという気持ちの表れ。相手に親近感を持ってほしいと思っています。

うしろにもたれかかっている

相手に対して優位でありたいという気持ちの表れです。または、非常にリラックスしている可能性もあります。

あいづちの打ち方

頻繁に打つ

話を早く終わらせたいという気持ちがあります。とくに、体が前後に激しく動いている場合は要注意です。

不自然なタイミングで打つ

話の流れを無視したあいづちや、話の内容に合わないあいづちは、相手を拒絶しているサインかもしれません。

視線の動き

目をそらす

相手より優位に立ちたい気持ちの表れ。下にそらす場合は、相手を怖がっていることも。

相手の目をみつめる

基本的には好意のサインですが、「相手を操作したい」という気持ちがあることも。

まばたきが多い

目をそらしたい気持ちの表れ。または、緊張している可能性があります。

手の動き

髪の毛をさわる

緊張やさびしさを紛らわそうとしています。二の腕をさわる場合も同様です。

あごに触れる

自分を守りたいという気持ちや、間違った発言をしたくない気持ちの表れです。

鼻や口に手を当てる

相手にうしろめたい気持ちがあります。口をさわる場合はウソをついていることも。

態度に表れる拒絶のサイン

こんなしぐさをしたら「その話はしたくない」というサイン。
さっさと結論を言うか、話題を切り替えましょう。

うなずく回数が多い

一度に3回以上うなずいたり、話の流れを無視してうなずいたりするのは、話を早く切り上げてほしい、面倒になったというサインです。

意味のない動作を繰り返す

カップが空なのに飲み物を飲む、意味もなく手帳を開く、メモを書き出す、スマホをいじるなどの操作を繰り返すのは相手の話に興味のないサイン。

耳や髪をさわり始める

単なるクセの場合もありますが、話を聞きながらこのしぐさをするのは、相手の話に退屈しているというサイン。表情や反応にも注意しましょう。

咳払いをする

わざとらしい咳払いは「拒否」を伝えるサインです。または、相手の話の内容に異を唱えたいという気持ちが含まれている場合もあります。

イスから腰を浮かせる

立ち上がる準備をしている動作で、一刻も早く立ち去りたいという無意識の意思表示。イスのひじ掛けをつかむなどの動作をすることもあります。

理由をつけて席をはずす

「ちょっと電話を」「お手洗いに」などと理由をつけて席を離れることが重なったら、早く帰りたいというサインかもしれません。

「とにかく」という言葉を使う

こちらが話をしている最中に、相手が「とにかく」という言葉を使い始めたら、早く話を終わらせてほしいという気持ちの表れです。

日記を書く心理は？

はみ出しコラム ③

「状況」と「感想」に触れてストレス発散

日記には、一日をふり返って書き出すことで、日常の疲れた気持ちを吐き出し、頭と心を整理してストレスを発散し、気持ちを落ち着かせる効果があります。

日記のコツは、「状況と感想を1対1」で書くこと。心理学の実験では、この方法がもっとも気持ちを落ち着かせることが立証されています。

たとえば、「仕事がうまくいかなかった」だけ書くのは状況のみ。一方、「今日は一日中落ち込んだ」だけでは感想のみ。両方に触れることで、客観的かつ主観的に一日をふり返り、よりリラックスできるのです。

SNSで自分の思いを発信するときも、同様に、「どうしてそのような気持ちになったのか」「何を望んでいるのか」など、状況や感想をしっかり掘り下げれば、ストレスを軽減できます。

身近な人に今日の出来事を話すときも、「今日はこんなことがあった。だから自分はこう思った」と経緯をきちんと語り、聞いてもらうようにしましょう。

行動から
明らかにする

テスト3

どうする？ どこへ行く？

下の２つの問題の回答を
それぞれひとつずつ選んでください

問題1

**あなたははじめて来た場所で、道に迷ってしまいました。
こんなとき、どうしますか？**

A 地図を見て、目的地への行き方を探す

B 人に聞く

C 感じるままに（カンで）とにかく進んでみる

問題2

**あなたは休暇を取りました。
もし出かけるなら、次のうち、どこに行きますか？**

A 美術館

B コンサート

C スポーツクラブ

D 映画

E CDショップ

F マッサージ

診断

あなたの優位な感覚がわかります

神経言語プログラミングでは、人間の感覚は「視覚」「聴覚」「触覚」の３つに分けられます。ここでは、自分がどの感覚を最も重視しているかがわかります。

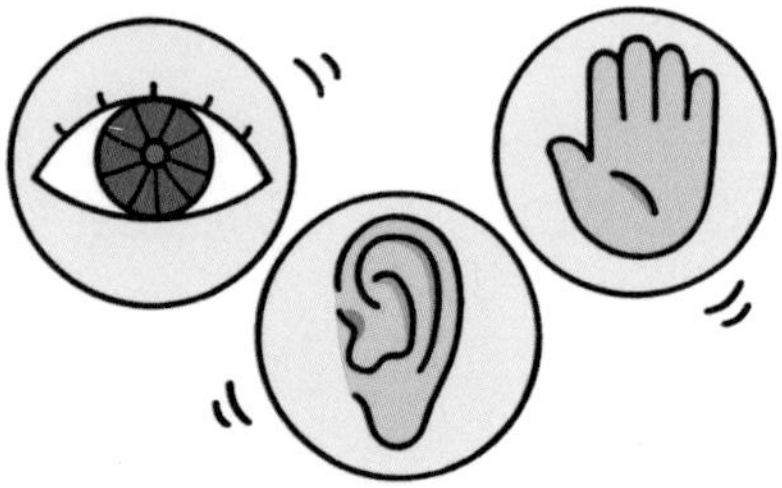

問題1

Ⓐ 視覚タイプ　Ⓑ 聴覚タイプ　Ⓒ 触覚タイプ

問題2

ⒶⒹ 視覚タイプ　ⒷⒺ 聴覚タイプ　ⒸⒻ 触覚タイプ

視覚タイプ

何かを認識するとき、視覚を重視するタイプです。「見る」「明るい」「ビジョン」「キラキラ」など、ビジュアルに関する言葉が多いのが特徴です。

聴覚タイプ

何かを認識するとき、聴覚を重視するタイプです。「聞く」「話す」「うるさい」「がやがや」など、音に関する言葉が多いのが特徴です。

触覚タイプ

何かを認識するとき、触覚を重視するタイプです。「感じる」「温かい」「しっくりくる」「ふわふわ」など、感覚に関する言葉が多いのが特徴です。

友人関係を円滑にするアドバイス

友達のタイプによって遊びの誘い方を変えてみよう

例えば海に誘う場合、視覚タイプには「真っ青な海を見に行こう」、聴覚タイプには「波の音を聴きに行こう」、触覚タイプには「さわやかな潮風を感じに行こう」とタイプ別に言葉を選ぶと効果的です。

パート

4

恋愛の仕組みが学べる！心理学

さまざまな想いが交錯する恋愛の世界。
どうして人を好きになるのか？
なぜ別れてしまうのか？
恋する気持ちを理解すれば、
意中の人と関係を深めることができるかも。

恋愛♡

01

気になる異性がいる！　だから相手との距離を縮めたい……

初対面の印象を良くするには？

合コンにて
取ってあげるよ
あー！からあげ～食べたぁい♡
でね、良かったら今度お茶でも…
サラダいただきまーす

知っておこう　最初の印象がその後の評価に影響

第一印象がお互いの印象をプラスかマイナスに決定づけます。次の約束につなげるためにはプラスの印象を残しましょう。

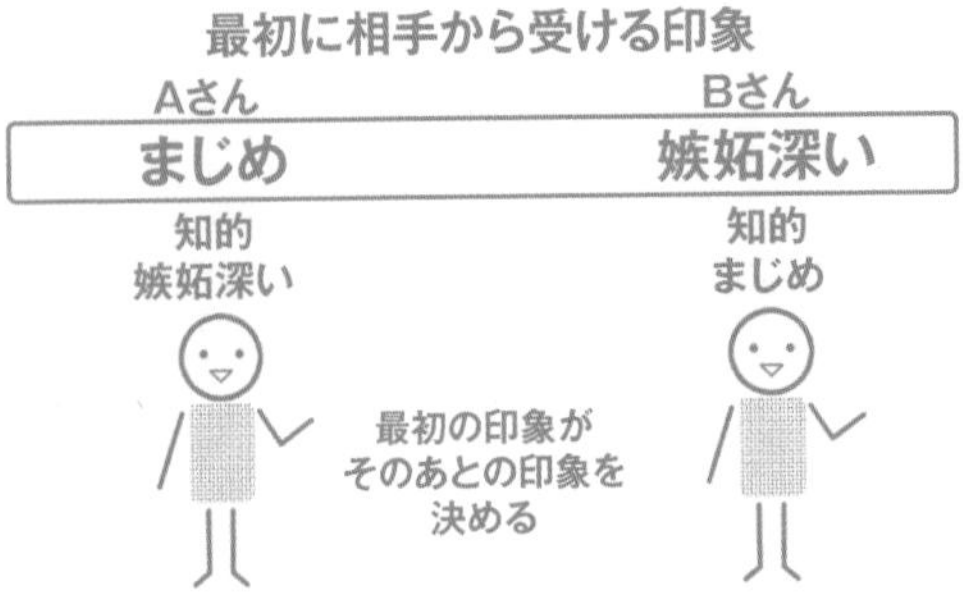

最初に相手から受ける印象
Aさん
まじめ
Bさん
嫉妬深い
知的
嫉妬深い
知的
まじめ
最初の印象がそのあとの印象を決める

初頭効果
最初にインプットされた情報が、そのあとの印象や評価に影響すること。心理学者ソロモン・アッシュの実験で証明された。

初対面の印象がそのあとの評価を決める

人と人のつながりにおいて、初対面の印象がとても重要です。**最初の印象が全体的な評価や、その後の評価に影響を及ぼすからです。**

たとえば、上のAさんとBさんの性格は、「まじめ・知的・嫉妬深い」という要素は同じですが、はじめの印象から、Aさんはまじめ、Bさんは嫉妬深いという評価になります。

もし初対面で相手に良い印象を与えられなかった場合は、出会って3回目までに挽回しましょう。「スリーセット理論」といって、**人の印象は3回目までに固定されるためです。**

好みの異性を射止めたい

アピール

使える&役立つ

異性からのチェックを意識する

男性が女性をチェックするときのポイント

見た目

顔が好みか

男性が恋愛をすると、脳の「島《とう》皮《ひ》質《しつ》」という視覚に関わる場所が活発に働きます。

ファッションやメイクが派手でないか

派手な場合、ＴＰＯにあったオシャレができていない＝社会常識がないという印象に。

近づきやすい雰囲気か

近づきやすい女性はそれだけで恋愛のチャンスが増えます。積極的に笑顔を向けましょう。

言動

素直にお礼やお詫びが言えるか

愛されて育った女性は素直に人を愛することができるので、魅力的に映ります。

ポジティブな発言が多いか

ポジティブな発言が多い女性は「この先も一緒にいて楽しそう」という印象を与えます。

相手の話をよく聞くか

相手の話をきちんと聞くことは、相手を受容し、誠実に対応している表れです。

女性が男性をチェックするときのポイント

見た目

清潔感があるか

見た目がさわやかな男性は、性格もさわやかなのではないかという印象を与えます。

汗・体臭はひどくないか

汗かきの人はこまめに拭いて、見た目やにおいのケアを。また、きつい香水も注意です。

肌がきれいか

まず視線が向かうのは顔なので、肌荒れやニキビのケアは丁寧に行いましょう。

言動

マメに連絡するか

マメな連絡は相手への関心を意味します。女性は気にかけてもらうことで愛情を感じます。

ユーモアがあるか

楽しませてくれる男性には自然と好意を持つもの。また、ユーモアは知性を感じさせます。

仕事ができるか

仕事ができる男性には「頼もしい」「男らしい」というプラスの印象を持ちます。

また、ふだんから大人しい印象を持たれやすい人は、初対面でそのような印象を与える可能性があります。2回目に会ったときは、普段より笑顔を意識する、会話を増やすなどして補いましょう。また、**好感を抱きやすい異性の特徴には、男性と女性で違いがあります。**少しずつ実践して、相手との距離を縮めましょう。

ちょっと+α

メラビアンの法則では聴覚・言語も大事

視覚情報の優位性を説くときに紹介される「メラビアンの法則」。もともとは「視覚・聴覚・言語で矛盾した情報が与えられたとき、何を優先して相手の感情や態度を判断するのか」という実験でした。結果、視覚情報から判断する被験者が多かったのですが、好印象を与えるためには、ほかの要素も無視できません。

恋愛♥ 02

キレイだけど意外にモテない！ それって本当？

「高嶺の花」が嫌われるのはなぜ？

サークルの帰り道
オレはB美ちゃん！ニコニコしててカワイー♡
オレはもうちょっと素朴な子が…
A子先輩みたいな美人とつきあってみたい！

知って
おこう

「自分と同じレベル」の相手に惹かれる

人は「自分たちは釣り合っている」と思う相手に惹かれます。自分よりも魅力的な相手を前にすると引け目を感じ、無意識に拒否してしまうからです。

あの人なら良さそう
好みのタイプ

マッチング仮説
身体的魅力がよく似た人をパートナーに選ぶ傾向があるという考え方で、釣り合い仮説とも呼ばれる。心理学者エレン・バーシャイドによって提唱された。

魅力度が釣り合う異性とは自然に打ち解けられる

美人だからといって、必ずしもモテるわけではありません。「高嶺の花」という言葉があるように、身体的な魅力度が自分より高い相手に、人は引け目を感じ、居心地が悪くなってしまうことも。そのため、**出会いの時点では、身体的な魅力が釣り合う異性に引き寄せられる**のです。
　また、**異性とおつきあいに至るときは、類似性が重視されます**。たとえば、出身地や趣味が同じ、共通の知人がいるなどです。共通点を発見することで話がはずみ、お互いに親近感も高まります。

近寄りがたい存在？

使える&役立つ　パートナーと長続きするコツ

パートナー選び

釣り合いが大事！

恋人探しの段階では、釣り合いが重視され、その要素は見た目のほかに経済力、知性、家柄などがあります。お互いに居心地良く感じるには、**自己評価が同じくらいであること**が大切です。

同じレベル

つきあい始め

類似性が大事！

お互いの類似点を見つけて仲が深まり、交際をスタートさせる男女も多いはず。**共通点が多い異性とは自然と仲良くなるもの。**人は自分と価値観や嗜好が似ている相手を好意的に評価します。

2人とも料理が好き

仲が深まってから

相補性が大事！

心理学的な理想は、パートナー同士が相互補完の関係であること。はじめは類似性が愛の推進力になりますが、長い時間をともに過ごすには、**お互いの欠点を補いながら荒波を乗り越えること**が必要。

お金の管理が二ガテ
お金の管理が得意

さらに、**仲が深まってからは、「相補性」と呼ばれる、正反対の魅力が2人の結びつきを強くします。**

身体的な魅力度に差があるカップルを見かけることがありますが、男女が釣り合う要素には、経済力、知性、人間的な魅力などが含まれます。一見アンバランスに見えるカップルも、見えない部分で釣り合いを保っているのです。

ちょっと＋α

惹かれ合う相手とはしぐさも似る

仲の良いカップルを見ると、驚くほど表情やしぐさが似ていることがあります。それは、好意を持っている相手の動作を無意識に真似てしまうという潜在心理が働くためです。これは「シンクロニー現象」と呼ばれています。この現象は、嫌いな相手と長時間一緒にいても起こりません。2人の仲が良いことが前提です。

いつも見かけるうちに気になる&ときめくように……

会うほどに好きになるのはなぜ?

知って
おこう

顔を合わせる回数が多いほど好意が増す

人は頻繁に会う相手に親近感を抱き、好意を持ちやすい傾向にあります。意中の人とはなるべく近くにいられるシチュエーションを作りましょう。

単純接触の原理
同じ人に何度も顔を合わせるうちに、その人に対して好意が増すこと。人だけでなく、広告で見かけるタレントやCMで耳にする曲にも当てはまる。

見慣れることで警戒心が薄れて心が近づく

はじめは何とも思わなかったのに、毎日顔を合わせているうちに相手のことが気になるようになった経験がある人も多いはず。これは**何度も顔を合わせることによって、相手への警戒心が薄れ、心がリラックスして、好意を持ちやすくなるためです。**

また、**人は物理的距離が近い相手に好意を抱きやすくなります。**これを「近接の要因」といいます。同じ学校や職場、家が近い人と仲良くなりやすいのも、この2つが理由です。

気になる相手ができたら、その人の日常に頻繁に登場する機会を持ち

使える&役立つ 「気になる人」になるための心得

会う時間

単純接触効果は、接触する時間の長さよりも、頻度が重要です。毎日会って、「もう少し一緒にいたかったな……」と**物足りないと感じるくらい**が効果的です。

× 1週間に1度3時間会う

○ 毎日30分間会う

会話の長さ

とめどない会話より、短時間でも毎日話すほうが印象に残ります。話す勇気がない人は**簡単なあいさつだけでもOK**。「この人とはよく会うな」と思わせることが大切です。

× だらだらおしゃべり

○ 短い会話を毎日1、2回

メールやライン

話題はひとつにしぼって、短い文章を送り、だんだんと頻度を増やしていきましょう。ただし、相手の反応が薄い場合は頻度を落としましょう。**しつこくしては逆効果**です。

× 長文メールを1週間に1度

○ 短いメールを2日に1回

ましょう。**あいさつやちょっとした雑談も、毎日続けることで関心を持ってもらえるようになります。**

ただし、心理学者ザイアンスが行った実験結果によると、好感度が上がる接触回数は10回までで、それ以降は変化が見られなかったそうです。10回以上会ったり、電話やメールを往復させたりしても相手の心境に変化がなければ、次の恋を探したほうが良いかもしれません。

ちょっと+α

ときには接触をおさえて印象度アップ

ときには自分の希少価値をアピールするのもひとつの手です。これは「希少なものは良いもの」という心理が働くため。いつもやりとりしていたラインなどが途絶えると、人は不安になったり、あらためて相手に魅力を感じたりするものです。

恋愛♥ 04

この心臓の高鳴りはただの恐怖？ それとも、もしかして……「一緒にドキドキ」で恋に落ちる？

ドキ♥ドキ
ホラー映画鑑賞中
こわいー！

知って おこう

恐怖と恋愛感情は勘違いしがち

不安、興奮、歓喜などを感じると、アドレナリンが分泌されて心臓の鼓動が速くなり、ドキドキします。この感情を恋愛感情と勘違いしやすいのです。

恐怖
この子といるとドキドキする！
なんでドキドキしてるのかな？

吊り橋効果
興奮や緊張している状態にある自分を恋愛している状態だと錯覚してしまう効果。心理学者ダットンとアロンによって実証された。

恐怖のドキドキを恋愛感情と勘違いする

　異性と遊園地のお化け屋敷に入ったあと、相手を急に意識した経験はないでしょうか。**意中の相手を前にすると、脈拍や心拍数が上がり、いつもよりテンションが高くなります。**
そのため、**ドキドキする状況にいると、恐怖やその場の興奮を、恋愛感情と勘違いしやすい**のです。
　心理学者ダットンとアロンが行った興味深い実験があります。ある日、安定した橋と、不安定な吊り橋の上で、ひとりの女性が複数の男性にアンケートを取りました。結果に関心があれば電話をするようにと、男性

恐いのか 恋なのか わからない

キャー

使える&役立つ

恋のチャンスを示すサイン

「出会いがない」と嘆いている人は、異性が発する恋のサインに気づいていないだけかもしれません。下の傾向に当てはまる異性がいたら、恋のチャンス到来かも？

相手との関係が恋に発展しそうなときとは？

自分を見る目が輝いている

人は**興味があるものを見ると瞳孔が広がります。**心理学者ヘスは実験で男女に写真を見せました。すると女性は赤ちゃんを抱いた母親の写真、男性は女性のヌード写真を見たときに瞳孔が広がりました。

好きなものを見る → 無意識に瞳孔が開く → 瞳が輝く

自分をチラチラ見る

好意を寄せる相手には視線を送る回数が増え、見つめる時間が長くなります。また、相手との距離が遠くなると、言葉によるアプローチがしにくいので、無意識に**視線を送る回数と時間**が増えます。

目が合うとすぐそらす

目が合う回数が多いのに、目が合うとすぐそらすのは照れ隠しで、**「好意に気づかれたら恥ずかしい」**という心理の表れ。一方、嫌いな相手と距離をとるためにそらす場合もあります。

には女性の名前と電話番号を書いた紙を渡しました。すると、連絡が多かったのは不安定な吊り橋を渡ったほうの男性。これは不安定な吊り橋を渡ったドキドキを相手への好意と勘違いしたためと考えられます。

もしスリルのある環境を離れたあと、**相手の自分を見る目が輝き、視線が合う回数が増えたら、自分を意識している可能性が高い**といえます。

ちょっと+α

恋に落ちて心に起こる変化

一般的に友情には相手の人間性への好意、尊敬、類似という要素が含まれます。一方、恋愛感情に発展すると、相手と密接につながっていたいという「親和・依存欲求」、犠牲を払ってでも尽くしたいという「援助傾向」、2人きりになりたいという「排他的感情」などが生まれます。

恋愛 05

気になる人がいるけど、ぜんぜん気持ちが読めない！相手の気持ちがわかる方法は？

脈なし
脈あり
好きな人の
本当の気持ちは？

知って
おこう

関心の高さは表情と時間に比例する

意中の異性のためなら、多少の苦労も負担に思いません。気になる異性が自分と一緒にいるときの表情や、費やしてくれたエネルギーがポイントです。

チェック①　表情を思い出す

笑顔→好感を持っている

笑顔なら友好的もしくは好意的な気持ちがあります。

普通の表情→あまり関心を持っていない

普通の表情なら自分への興味は低いようです。

チェック②　費やした時間（労力）を考える

多い→関心が高い

他の異性より自分へ費やした時間が多ければ脈アリ。

少ない→関心が低い

関心が低ければ、時間をかけることもありません。

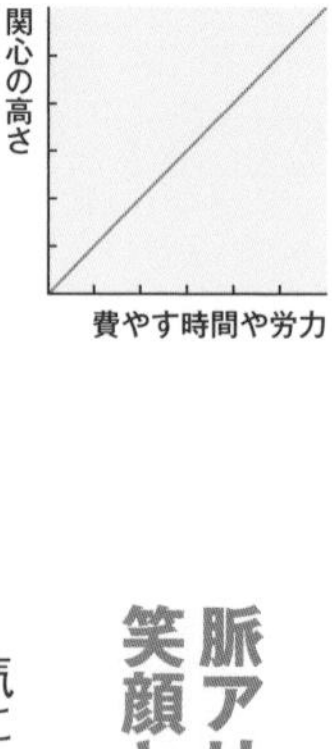
関心の高さ
費やす時間や労力

脈アリかどうかは笑顔と過ごした時間がカギ

気になる異性がいて、**相手の気持ちが読めないとき、判断材料となるのは、表情と自分に費やしてくれた時間・労力です。**

まず、好きな異性の前ではだれでも笑顔がこぼれるもの。自分といるときの相手の顔を思い出し、**笑顔であれば一緒にいて楽しんでいる証拠**です。また、居心地がいい相手とは長い時間一緒に過ごし、多少の労力を費やしても苦になりません。もし相手が一日外出につきあってくれた、友達にはできないような面倒な手伝いをしてくれたなどの場合、関心が

ものさしでは測れない？

ドキドキ

使える&役立つ

関心のない相手をふり向かせる

はじめは自分に関心がない相手でも、距離を縮めるチャンスはあります。大切なのは焦らないこと。少しずつ心を開いてくれるようアプローチしましょう。

たくさん質問をして相手への関心を示す

質問は、相手への関心を表します。相手にふり向いてほしければ、まずは自分から興味を示すこと。たとえば**「はい」「いいえ」では答えられない質問**をすると、会話が広がります。

会話が盛り上がる質問の例

- 「休日は何をして過ごしてるの？」
- 「バンド活動を始めてどれくらい？」
- 「どんな曲を作ってるの？」

段階を踏んで自分をさらけ出す

相手を知ることは居心地のよさや安心感につながります。また、自分や相手の深い情報に関わるほど、お互いに親近感が強まります。ただし、出会ったばかりで深い話はNGです。

3つのステップで少しずつ関心を持ってもらう

① 趣味、出身地の話など
② 家族やペットの話、異性の好みなど
③ 仕事や内面の悩みなど

少し前傾姿勢で相手の話にうなずく

前傾姿勢は、**相手の話に興味を持っているサイン**。また、人は話を真剣に聴いてくれる人に親近感や信頼感を抱きます。うなずきすぎはNGなので、バランスを見極めましょう。

相手好みのファッションを取り入れる

最も伝わりやすいアピール方法は、**見た目を相手好みにすること**。とくに取り組みやすいのは、ファッションや髪型です。無理のない範囲でトライしてみましょう。

ある可能性が高いといえます。

一方、相手の関心がまだ低い場合は、じっくりアプローチしましょう。**まずは自分から相手への関心を示すこと。相手を知り、自分を知ってもらいながら心理的な距離を縮めます。**さらに、外見を相手の好みに近づけることも大切。関係を深めたいときは、焦らず少しずつ相手との距離を縮める努力をしましょう。

ちょっと+α

プラスのギャップは相手の興味を引く

異性と仲良くなると、相手の意外な一面に気づくことがあります。プラス面のギャップは、相手の関心を高めますが、マイナス面のギャップは冷める原因に。好評な部分とそうではない部分をふり返り、ときどき反省しましょう。

恋愛♥

06

パートナーとの会話が噛み合わない！　このチグハグ、何とかしたい

男女の気持ちがすれ違う原因は？

理由を
聞いてみよう
待って
うわーん
またCくんに
イジワル
されたのね？
許せない
○○公園
理屈
感情

知っておこう

男性は理屈、女性は感情が先行する

男女の会話がすれ違う原因は、ズバリ価値観の違い。男性が論理的に話す一方、女性は感情に触れて会話を展開します。

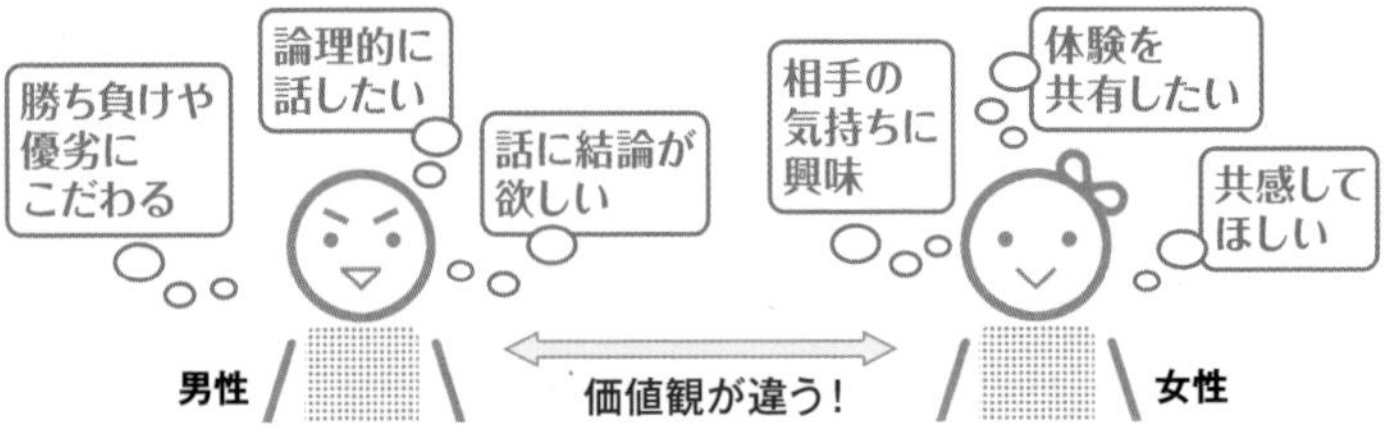

勝ち負けや
優劣に
こだわる
論理的に
話したい
話に結論が
欲しい
相手の
気持ちに
興味
体験を
共有したい
共感して
ほしい
男性
価値観が違う！
女性

〔共感
他人の考え、行動の動機、感情などについて認知することで、相手の気持ちを体験したり、相手の視点から外界を認識したりすること。〕

男性は客観的事実、女性は感情面を重視する

男女の会話のすれ違いを見かけることがあります。たとえば、女性がトラブルについて熱く語っているときに、男性が静かに問題点を指摘しているような場面です。男性の冷静な反論を前に、女性が肩透かしをくうことがありますが、これは男女で視点が異なるためと考えられます。

基本的に、**女性は物事をとらえるときに感情が先行し、男性は理屈が先行します。**相手と共感したいのが女性ですが、結論を求めるのが男性。**この価値観の違いが、しばしばすれ違いを生むのです。**

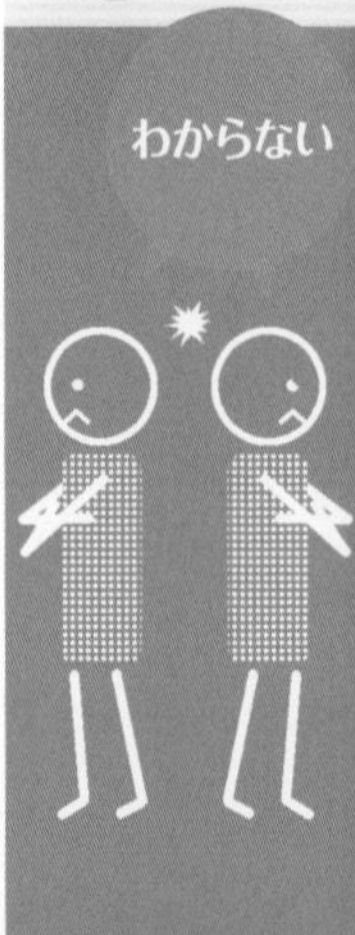

わからない

使える&役立つ

思考の違いを理解して会話を楽しむ

お互いが重視する視点に合わせて話せば、会話が和やかに進みます。男女の思考の違いをわきまえるだけで、コミュニケーションが円滑になります。

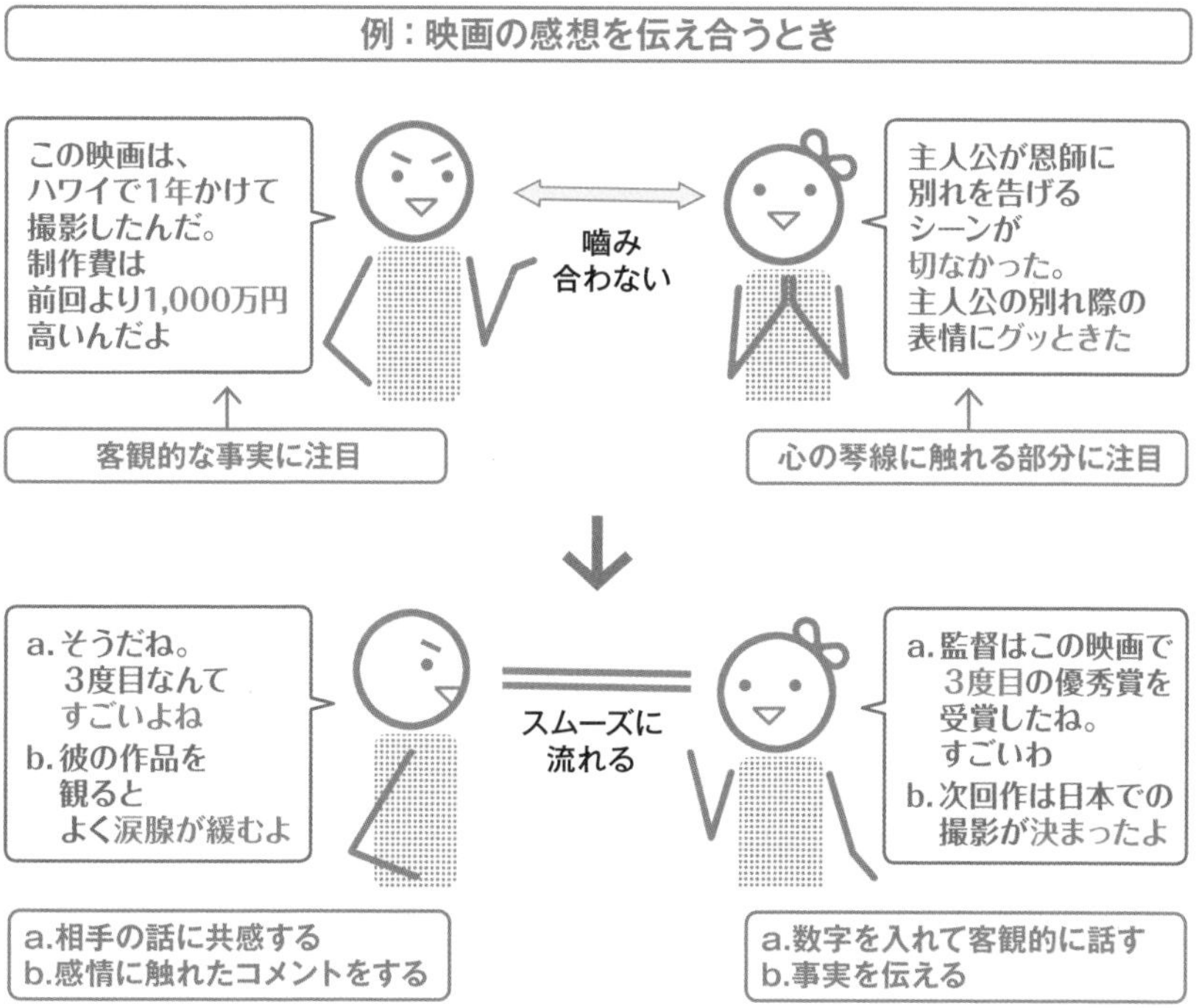
例：映画の感想を伝え合うとき
この映画は、ハワイで1年かけて撮影したんだ。制作費は前回より1,000万円高いんだよ
噛み合わない
主人公が恩師に別れを告げるシーンが切なかった。主人公の別れ際の表情にグッときた
客観的な事実に注目
心の琴線に触れる部分に注目
a. そうだね。3度目なんてすごいよね
b. 彼の作品を観るとよく涙腺が緩むよ
スムーズに流れる
a. 監督はこの映画で3度目の優秀賞を受賞したね。すごいわ
b. 次回作は日本での撮影が決まったよ
a.相手の話に共感する
b.感情に触れたコメントをする
a.数字を入れて客観的に話す
b.事実を伝える

2人のコミュニケーションを円滑にするためには、お互いの特徴を理解して歩み寄ること。たとえば、女性が男性とスムーズに会話したいときは、客観的な視点で事実を話すようにします。逆に男性の場合は、相手への共感や感情に触れたコメントを重視すると、お互いへの理解が深まります。

ちょっと+α

彼女の不満はいい思い出で解消

機嫌をそこねた彼女が、昔の話を持ち出して困った経験のある男性も多いのでは。女性は感情と記憶のつながりが密接なため、いったんネガティブな心境になると、次々と苦い記憶がよみがえります。一方、楽しい記憶も連鎖します。男性は、新たに良い思い出を作り、記憶を上書きするよう努力してみましょう。

恋愛♥ 07

パートナーがいるけど……突然気になる人が現れた!
浮気をしてしまう理由とは?

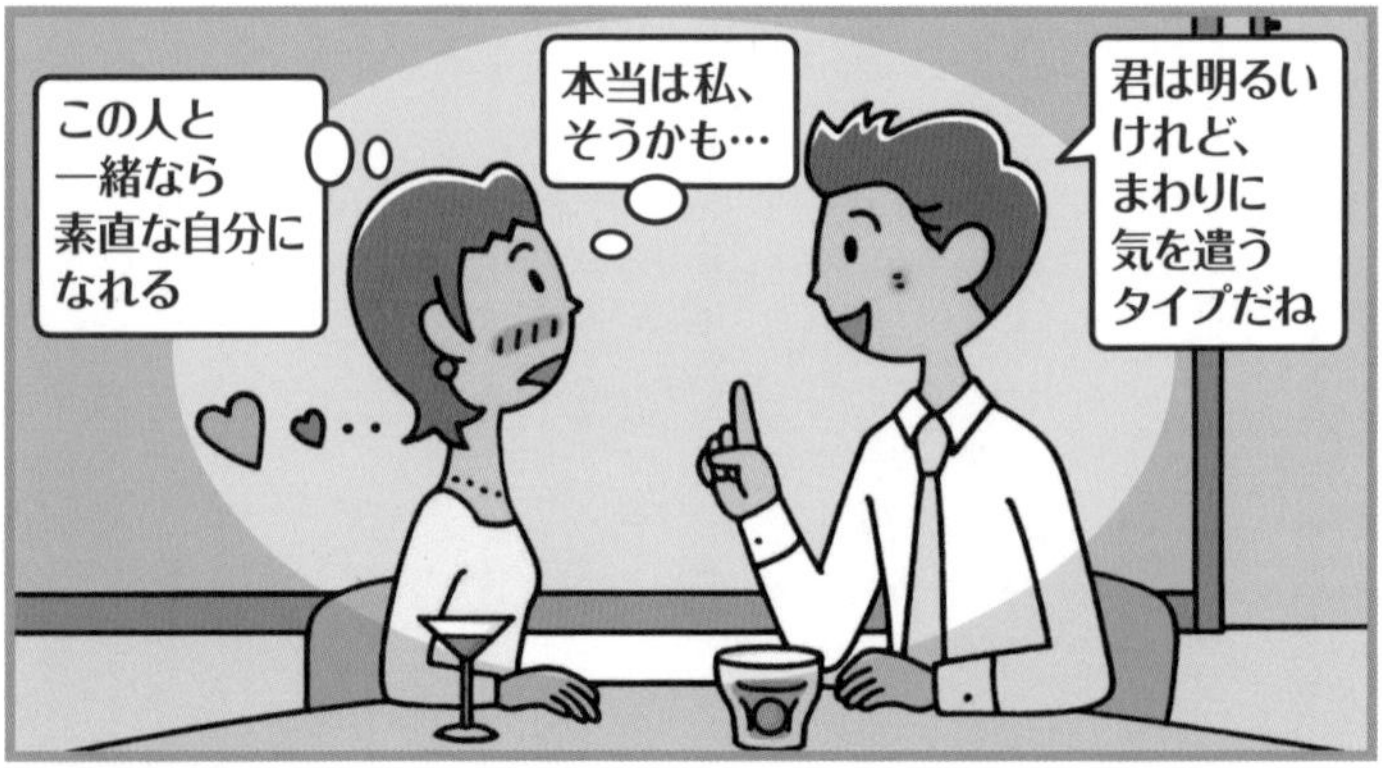

知っておこう 浮気には自己拡大を求める心理が働く

ひとりの異性とずっと一緒にいると、マンネリの状態になります。そこで、新しい自分を教えてくれる相手が現れると、人は好意を抱くのです。

自己拡大
自己認知欲求のひとつで、自分が今まで気づいていなかった自分の一面を知ること。自己認知欲求にはほかに、すでに知っている自分の一面を改めて思い知る自己確認がある。

浮気の背景に潜むのは新しい自分を楽しむ心理

パートナーとの関係が長くなると、つきあい始めた当初の新鮮な気持ちが薄れ、マンネリ化します。マンネリは浮気の原因になりますが、**浮気の背景に自己拡大を求める心理が働いていることも覚えておきましょう。**人は、自分の新しい一面を引き出してくれる異性を見つけたとき、新鮮な気持ちを抱き、その異性に強く惹かれるのです。

2人の関係がマンネリ化したときに、はじめてのことに挑戦すると新鮮な気持ちが生まれます。そのとき、**挑戦したパートナーをほめて新しい**

新しい自分を発見

使える&役立つ　パートナーとの絆を深めるステップ

Step❶ 2人ではじめてのことに挑戦する

パートナーとのマンネリを解消するには、**ワクワクするような新しい体験**に挑戦しましょう。新鮮な気分を味わうと、ドーパミンやノルアドレナリンが分泌され、恋愛初期のような興奮がよみがえります。

スカッシュテニスに
挑戦してみよう

挑戦するもの

- **はじめてやるスポーツ**
- **はじめて作る料理**
- **はじめてのファッション**

↓

Step❷ ほめて新しい魅力を引き出す

新しい体験に挑戦したパートナーをたたえましょう。**あなたの肯定的な言葉**で、パートナーは自分の新たな可能性に気づき、自信を持ちます。また、ともに挑戦してくれたあなたに好意を抱きます。

こんな特技が
あったんだね♡

パートナーをほめる言葉

「センスあるよね」
「○○してると楽しそうだよ」
「○○してる姿がステキ！」

魅力を引き出せば、絆を深めるきっかけになります。

　また、危険な恋に走りやすいのは、ナルシスト、寂しがり屋、飽きっぽい、好奇心旺盛、自己顕示欲が強いなどの傾向がある人です。**禁じられているから情熱的になり、それが愛の深さと勘違いしてしまいます。**自分にその傾向があると自覚しているなら、注意しましょう。

ちょっと＋α

浮気が判明しても責めるのはNG

パートナーの浮気に気づいたとき、そのショックから相手を責めたい感情がわきます。しかし責めると相手が逆ギレする可能性もあり、解決は見込めません。感情的になるよりも、「部屋に知らないピアスが落ちていて、残念だった」など、事実と感想だけを伝えましょう。シンプルな言葉のほうが相手の心に響きます。

恋愛♥ 08

ガマンできないほどイヤになる本当のワケとは……
生理的に嫌いになる理由とは？

知っておこう　生理的に苦手な相手はもう1人の自分

人は、心の奥に抑圧した自分の「シャドウ」と呼ばれる存在を持っています。それと同じ性質を持った人が現れたとき、嫌悪感を抱きます。

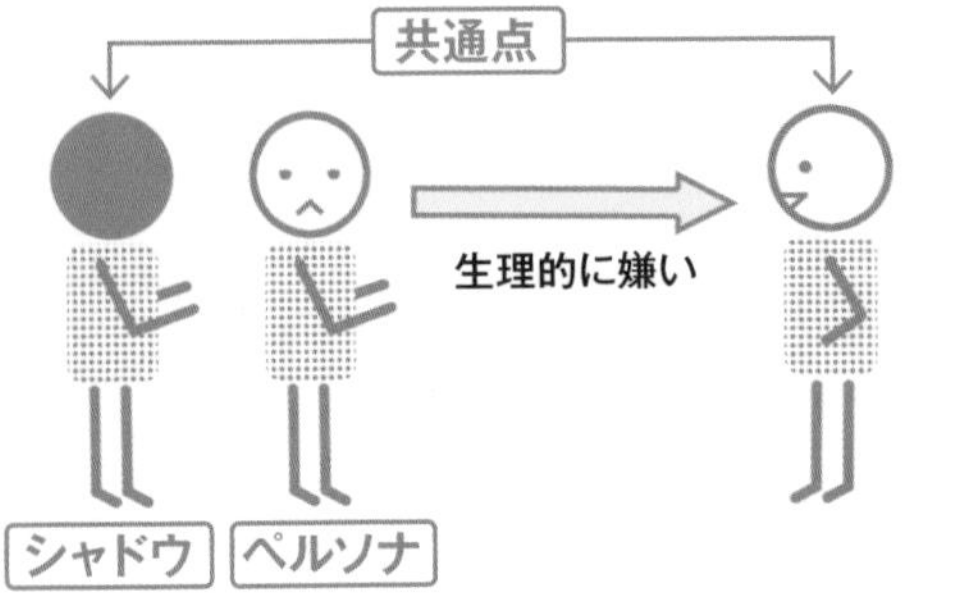

ペルソナ／シャドウ
ペルソナとは、人前で見せている自分のことで、もともとは「仮面」という意味。一方、シャドウとは、心の奥に抑圧した自分の「影」。心理学者ユングによって提唱された。

生理的に嫌いな相手は抑圧された自分の姿かも

どんなに努力しても、この人だけは好きになれないという人がいます。**とくに理由がないのに、見ているとイライラしてしまう相手は「生理的に嫌い」と表現されます。**男性が理性で物事をとらえ、女性は感性でとらえがちなため、一般的にこの表現は女性から多く聞かれます。

人は、相手のなかに抑圧した自分の「シャドウ（影）」を見つけたとき、生理的に嫌いだと感じます。**その背景には嫌悪、禁止、痛みといった心理が隠れています。**たとえば、子どものころ親に「シャキッとしなさい」

見てるとイライラする

使える＆役立つ　自分のシャドウを克服するステップ

Step 1 シャドウを意識する

たとえば、のんびりして頼りない後輩にイライラしている場合、後輩は**自分のシャドウを表す人**かもしれません。まずは「自分にもその要素があるかもしれない」と意識し、「なぜ自分は『のんびり』が許せないのか」と考えてみましょう。

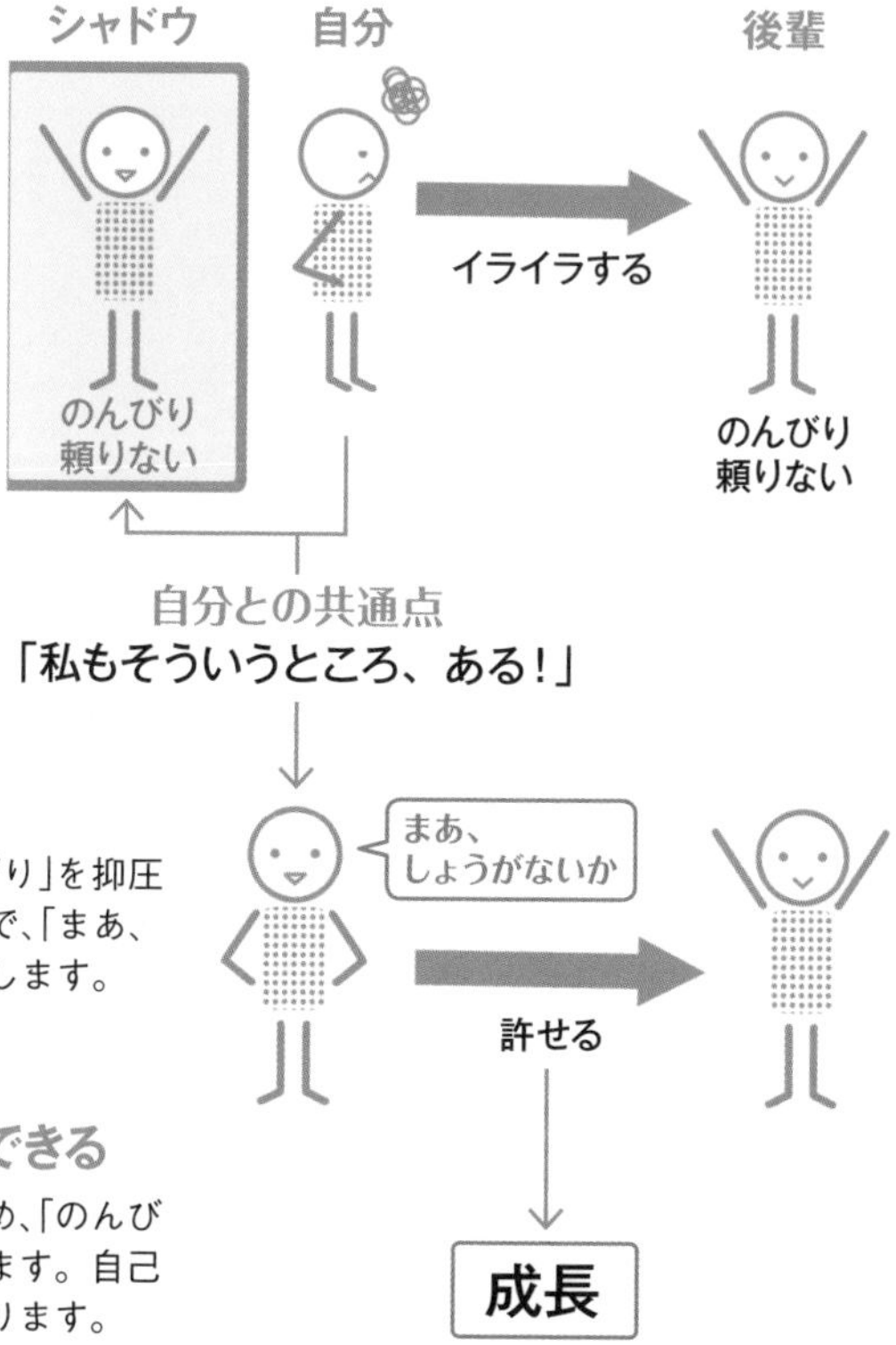
シャドウ
自分
後輩
のんびり
頼りない
イライラする
のんびり
頼りない
自分との共通点
「私もそういうところ、ある！」
まあ、
しょうがないか
許せる
成長

Step 2 自分との共通点を認め、態度を変える

シャドウと向き合うと、「のんびり」を抑圧した背景が見えてきます。そこで、「まあ、いいか」と受け止め、後輩を許します。

Step 3 自分にOKを出して、成長できる

抑圧された自分のシャドウを認め、「のんびりした自分でも大丈夫」と考えます。自己を否定せず、心の成長につながります。

としつけられ、「悪い子」を抑圧した背景がある場合、「良い子」を演じる女性に嫌悪感を抱きます。

　生理的に嫌いな人を克服する第一歩は、嫌いな要素が自分にもあると認め、受け入れること。自分を許すことで、傷が癒され、自己を否定することがなくなります。そのことが心の成長につながり、シャドウをなくすことにもつながります。

ちょっと＋α

生理的に嫌われやすいのは不潔な人

今回の話とは別に、不潔な人も生理的に嫌われやすいといえます。男性も女性も「服がヨレている」「汗のケアが甘い」と敬遠されます。身だしなみは、その人の印象を大きく左右します。また、上から目線や自己中心的な態度なども、嫌われる原因になりますので注意しましょう。

恋愛♥

09

フラれたあと惚れやすいワケ

どん底にいるときにかけられた、優しい言葉で恋に落ちる

君をフるなんて
もったいない
話聞くよ
おつかれー
あれ？ 全然食べてないじゃん
フラれちゃって…
食欲がなくて…
優しい♡

知っておこう ツラいとき優しくされると惚れやすい

失敗や失恋で自己評価が下がっているとき、優しくしてくれる相手は魅力的に映ります。一方、自己評価が高い人は恋に落ちにくい傾向があります。

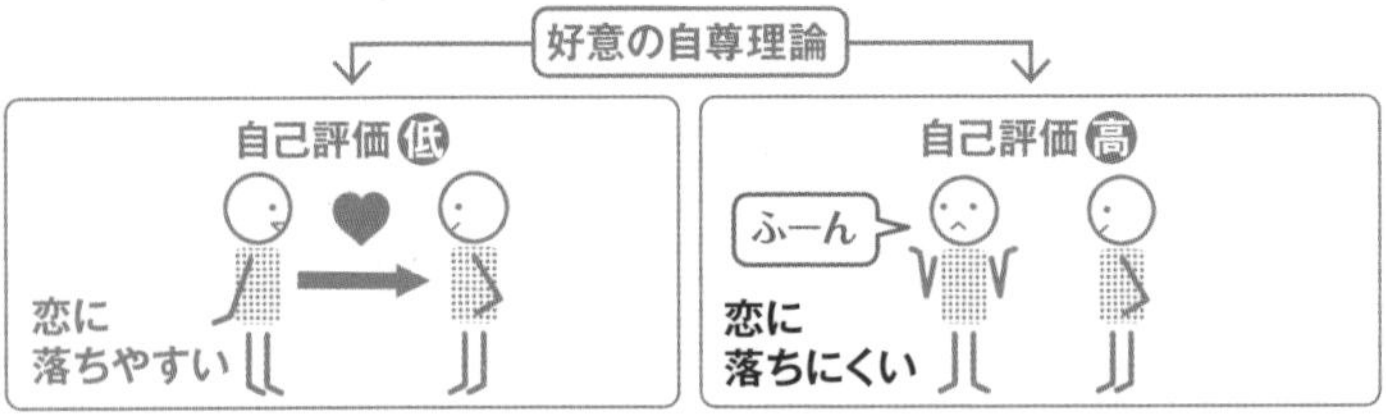

好意の自尊理論
自己評価低
恋に
落ちやすい
自己評価高
ふーん
恋に
落ちにくい

好意の自尊理論
失敗や失恋をしたあとなど、自己評価が下がっているときは、優しくしてくれた相手に好意を抱きやすくなること。

落ち込んでいるときは優しい相手に恋しやすい

人は嫌なことがあって落ち込んでいるとき、優しくしてくれた相手に好意を抱きます。恋愛でも、失恋して落ち込んだときに甘い言葉をかけられると、その相手に心が傾きます。**これは、自己評価が下がっているときに優しくされると相手が魅力的に見えるという心理が働くため。**

たとえば、釣り合っていないようなカップルを見かけるときがあります。「どちらかが落ち込んでいる相手の心につけ入ったのでは？」と思いがちですが、117ページのように依存関係が成り立っている場合も

優しい
言葉が
染みる…

使える&役立つ ダメ男にハマる心理を学ぶ

しっかり者の女性が、頼りない「ダメ男」と親密になる背景には、「共依存《きょういぞん》」があります。**お互いに満たされない願望を相手に求めて依存している状態**です。

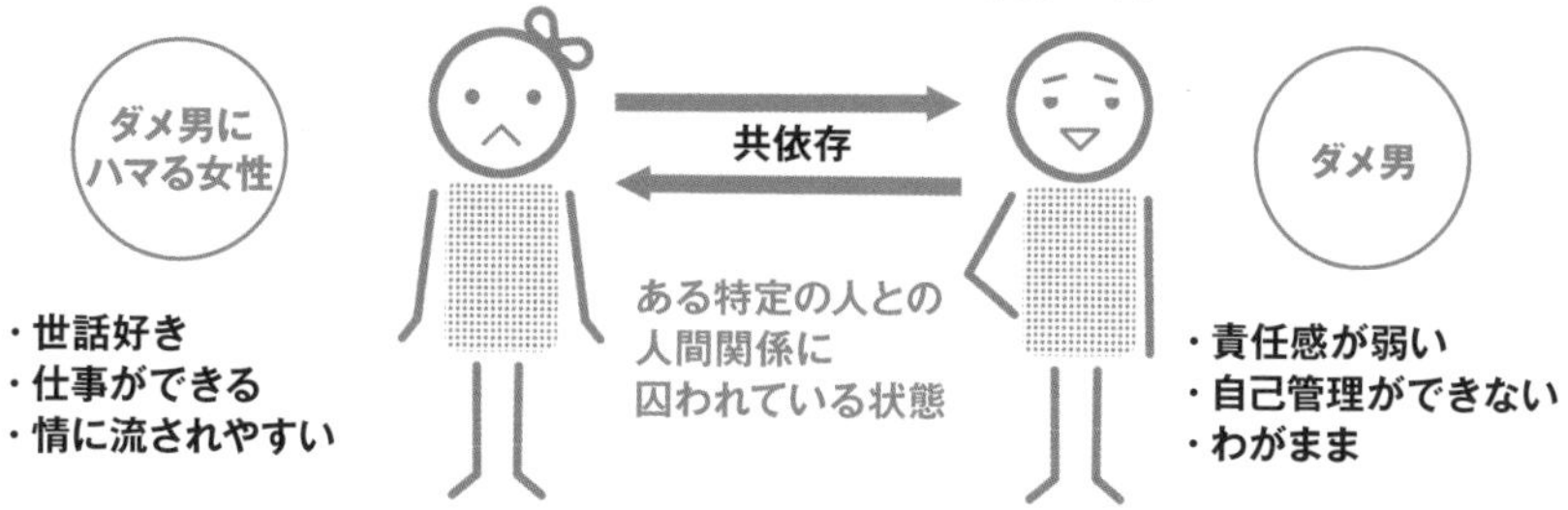
ダメ男にハマる女性
共依存
ダメ男
ある特定の人との人間関係に囚われている状態
・世話好き
・仕事ができる
・情に流されやすい
・責任感が弱い
・自己管理ができない
・わがまま

要注意！ ダメ男にハマるパターン

自立した女×ヒモ男

女性は男性の世話を必要だと思い男性は女性の経済力を当てにします。

優柔不断な女×オレ様系の男

優柔不断な女性は、自己主張が激しく、リードしてくれる男性に惹かれます。

未来を期待する女×夢見がちな男

夢見がちな女性に大きな目標を語る男性がいますが、口先だけの場合も。

我慢強い女×甘いムードの男

辛抱強い女性は、男性の都合のいい言葉を鵜呑みにしてしまいがち。

あります。

一方、**恋に落ちにくい人は、自己評価が高く、比較対象が多いために身近な人を低く評価しがちといった傾向**があります。最近は、ＳＮＳで芸能人をはじめとする美男美女を簡単に見られます。そこで目が肥えるため、身近な相手を低く評価する傾向があるようです。

ちょっと＋α

初対面で優しすぎる相手にご用心

落ち込んでいるとき、初対面でまだ打ち解けていないのに、やたら優しい異性がいたら、注意が必要です。気持ちが沈んでいるときは表情や態度に現れるので、下心だけの異性が甘い言葉で近づいてくることも。判断力が鈍り、自己評価が下がってハードルも低くなっているので、本気ではない異性に惑わされないよう気をつけましょう。

つきあう相手によって見た目がガラッと変わるのはなぜ？
好きな人の色に染まる理由

あれ？
髪切ったの
バッサリ
いったね？
思い切って
イメチェン
しちゃった♡
ショートヘア　好み
初デートにて
○○駅

知っておこう　自分を変えるのは好かれたいから

好きな人の前では、相手に好かれたいという思いが言動に結びつきます。そこで、相手が好みそうな立ち居ふる舞いや見た目を演出します。

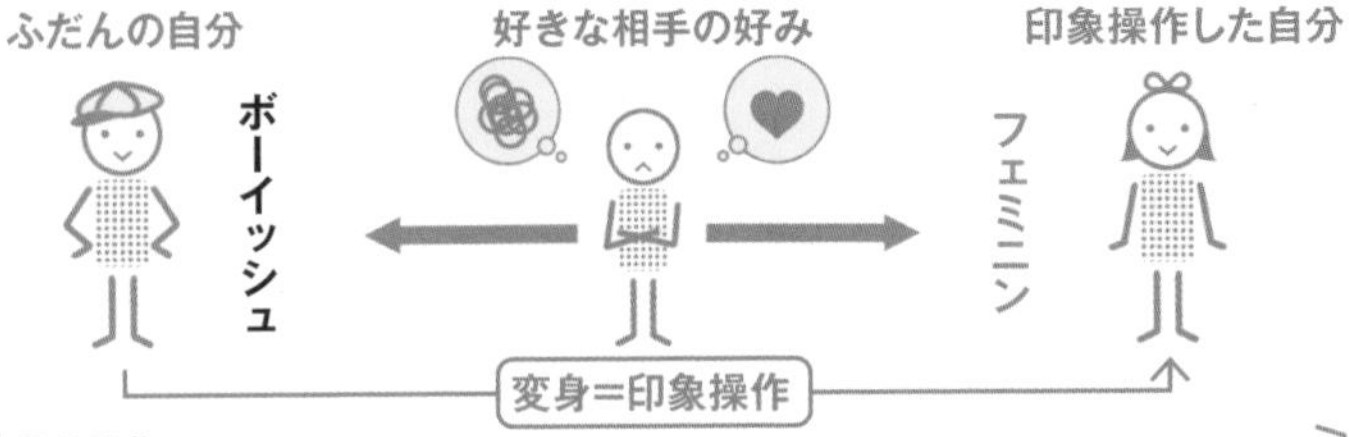
ふだんの自分
ボーイッシュ
好きな相手の好み
印象操作した自分
フェミニン
変身＝印象操作

印象操作
自分の印象を、相手の好みに合わせて操作する心理。印象操作によって好意的な評価を受けると自分への肯定につながり、自尊感情を維持できる。

好きな異性の目には魅力的に映りたいと思う

ファッション
変えました

恋をした友達の外見がガラッと変わって驚いたことはないでしょうか。好きな人ができると、ふり向いてもらうため、見た目やキャラクター、立ち居振る舞いまで相手の好みに合わせたくなるもの。そこには**「こんな人なら好いてもらえるだろう」**という思いが見え隠れします。

　この心理は、心理学者ザンナとパックの実験でも証明されました。この実験では、被験者の女性にある問題を解かせ、何人かの男性に会わせました。男性に会うときにその成績を見せるのですが、**魅力度が高く家**

使える&役立つ 意中の相手に好かれる3つの効果

意中の異性がいたら、相手の気持ちを知り、ふり向いてもらいたいと思うもの。いざ仲良くなりたいと思っても、どうやって距離を縮めたらいいのか悩みがちです。ここでは、**恋愛に役立つ心理効果**を紹介します。

ウィンザー効果

第三者からの口コミが影響力を高める

あの子は料理上手だよ

情報は、本人よりも、第三者から伝えられるほうが、影響力が高くなります。友達に頼んで好きな人に自分の長所を伝えてもらうのも印象アップの手です。

好意の返報性

自分の気持ちを伝えると相手の好意が返ってくる

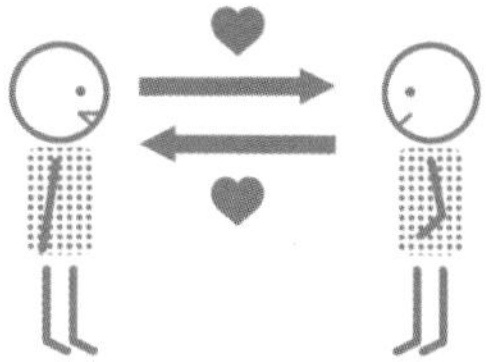

相手に好意を示されると、同じだけの好意を示したくなります。好きな人には笑顔で接して、肯定的な意見を伝えると好意を持ってもらいやすいでしょう。

クロージング効果

悩み事を相談して親密度を高める

じつはね……

悩み事を相談すると、お互いに心の距離が縮まります。ただし、深刻な話題はある程度親しくなってからがベター。相手の立場を考慮して話題を選びましょう。

庭的な女性を好む男性に会うときは、課題の成績が悪くなりました。この結果から、被験者が相手の好みに合わせ、わざと成績を悪くしたと推測できます。

このような印象操作を行う場合、無理は禁物。**自分の好みやふだんのキャラクターとかけ離れない程度にとどめましょう。**無理をして最終的に幻滅されるようでは、せっかくの努力がムダになります。

ちょっと+α

彼の好みは歴代の彼女でわかる

意中の彼の好みを知りたいなら、歴代の彼女の外見を聞くのが手っとり早い方法。人には好みの顔があり、好みの顔を見たときの脳は、好きな食べ物が目の前に出て喜んでいるときと同じ働きをします。そのため、何度か失敗しても、繰り返し同じような外見の人を好きになるのです。

恋愛♥ 11

寝ても覚めても相手のことばかりが頭に浮かぶ……

好きな人しか見えなくなる理由

ハイ!
あ〜んして♡
あ〜ん
あの2人
まわりが
見えてないわね
いつも
2人だけの
世界に
入ってるね

知って おこう

恋した相手は実際以上に高く評価しがち

人は自分の得たものについて、実際以上に価値を感じます。そのため、恋人ができると相手が実際より魅力的に見えるのです。

保有効果
自分の得たものに対して、実際以上に価値があるように感じて手放したくなくなること。新しいものを得たときのメリットよりも、今あるものを失うデメリットを多く見積もるため。

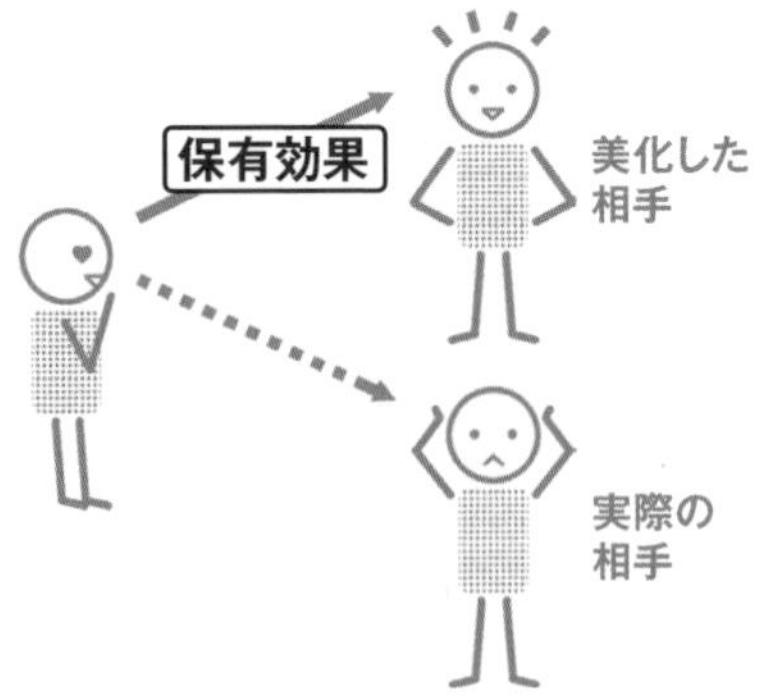
保有効果
美化した
相手
実際の
相手

好きな異性の言動は実際以上に魅力的に映る

異性と恋に落ちると、「この人以外考えられない」と感じることがあります。恋人が魅力的に映るため、ほかの異性にアプローチされても、心が動かなくなります。

これは自分が得たものへの愛着に近い感覚です。**完璧でなくても、相手と長く一緒にいることで、少しずつ価値が高まり、いつの間にか代えがたい存在になっている**のです。

恋をすると、関係を長続きさせようとする心理が働き、相手を正しく判断できなくなります。また、ほかの異性を無意識に低く評価すること

世界一
カッコイイ

使える&役立つ

恋愛に影響力の強いホルモンを学ぶ

恋をしているときのドキドキやワクワク感には、ホルモンが強く影響しています。ここでは、**男女の魅力や恋愛感情を高めるホルモン**を紹介します。

テストステロン

男らしい精悍な顔立ちや骨格、声をつくります。エネルギッシュで戦いが好きな性質も含み、女性の体の中でも微量に分泌されます。

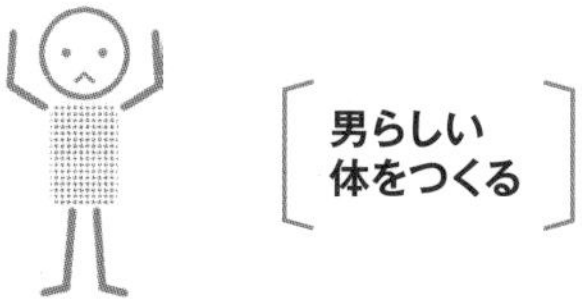
男らしい
体をつくる

エストロゲン

くびれたウエストや胸など、女性らしい体をつくります。エストロゲンの多い女性は、感情面を重視し、一途な傾向にあります。

女らしい
体をつくる

ドーパミン

快感や多幸感をもたらし、体はその感覚を覚えます。ただし、同じ快楽刺激を受け続けると、分泌が減るため、反応が鈍くなります。

明日も仕事頑張れそう!
幸せ!
快感や多幸感、
意欲を与える

エンドルフィン

ゆるやかな心地よさをもたらします。おいしい食事や家族との団らん、セックスの最中などにも分泌されます。

ゆるやかな
多幸感を
もたらす

で、現在の恋人の価値を相対的に高めようとします。

また、人間の脳の「不快だ」と感じる部分、物事を批判的にとらえる部分の働きは、恋をすると鈍くなります。**マイナスの感情がおさえられることによって、さらに相手の欠点に気づきにくくなるのです。**さらに、このとき、**快感や多幸感をもたらすホルモンが分泌されやすいため、エネルギッシュな行動ができます。**

ちょっと＋α

強力な恋愛ホルモン!? PEA（フェネチルアミン）

「PEA」とは、幸せや不安定なドキドキ感をもたらすホルモンで、恋愛の初期段階で多く分泌されます。性欲を高める、食欲が減る、眠気を吹き飛ばす、集中力を高めるなどの働きがあり、チョコレートや赤ワイン、チーズなどにも含まれます。

パートナーがどこで何をしているか不安！ 束縛したくなる理由とは？

ごめ～ん 彼氏から～
出てもいいかな？
サマーセール
うん…
今日、
3回目だよ…

知っておこう 不安＆投影で束縛したくなる

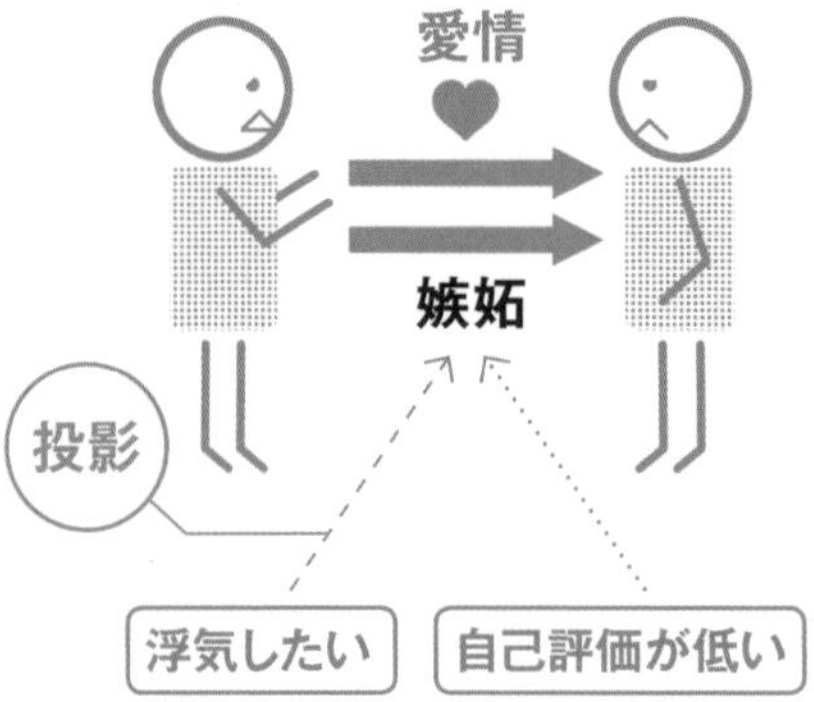
愛情
嫉妬
投影
浮気したい
自己評価が低い

束縛の背景には「嫉妬」があります。「愛されている実感が持てない」「相手も自分のように浮気したいかも……」などの考えから起こります。

投影
自分の心の状態や思考パターンを、相手や物に映し出すこと。自分のなかにある欲望や感情、悪い部分などを認めず、それらを持っているのは「ほかの人だ」とみなす心の動き。

愛されない不安と投影が束縛を引き起こす

　恋人がほかの異性と関わるのを極端に嫌がり、束縛する人がいます。これは**独占欲や嫉妬心**が原因です。**「愛されない不安」**の表れでもあり、**自己評価の低さが原因になることも。**

　もっともやっかいなのは、**自分の浮気願望を相手に投影している場合。**自分では気づかないことがほとんどです。たとえば、「同窓会で初恋の人に再会したら浮気する」と考える人は、恋人が同窓会に行こうとすると不安になります。これは、同窓会で浮気しそうな自分の姿を恋人に投影するためです。

出かけちゃダメ

使える&役立つ

嫉妬に潜む投影のメカニズム

嫉妬心がわくと、パートナーの愛情が自分以外の人に向けられることを憎みます。また、自分よりすぐれた人を妬む気持ちが言動に現れます。

すぐに浮気を疑う

思考が浮気に直結するのは、自分が浮気に関心を持っているから。「相手も浮気をしているから帰りが遅いのでは？」と連想し、**抑制した願望が相手にもある**と思い込んでしまうのです。

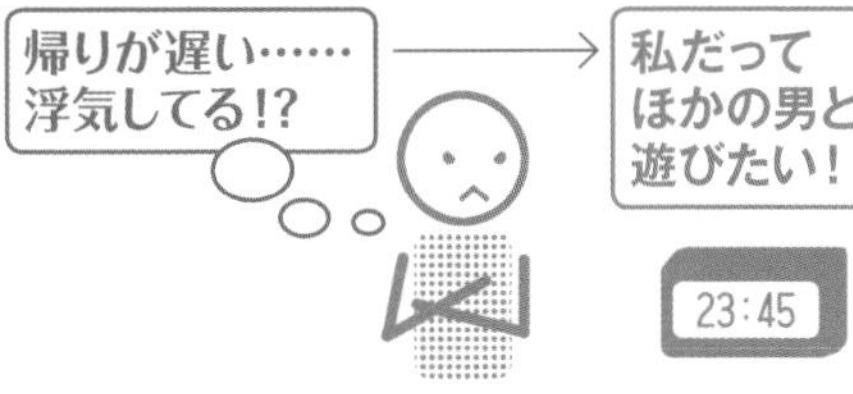
帰りが遅い……
浮気してる!?
私だって
ほかの男と
遊びたい！
23:45

自分を好きか、何度も確認する

相手に何度も確認する行為は、自分の気持ちに自信がない表れ。本当は**自分自身の愛情を確かめたい**と思っています。相手への気持ちが冷めて、交際を続けようか迷っている可能性も。

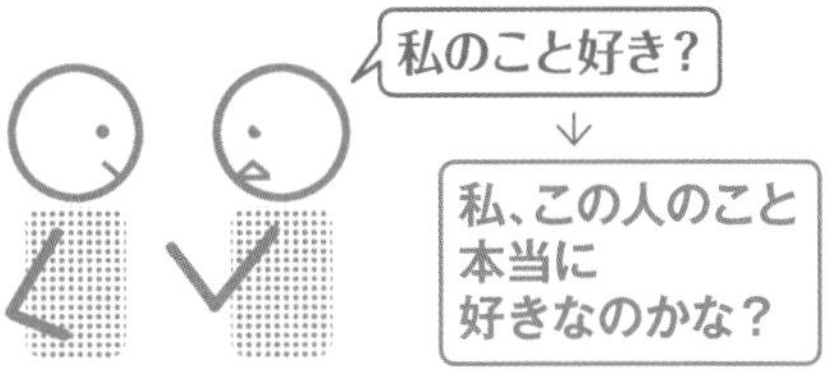
私のこと好き？
私、この人のこと
本当に
好きなのかな？

人気者の悪口を言う

自分にできないことを実現している人を見かけると、嫉妬心から悪口を言って自分に都合のいい妄想を抱きます。嫉妬心をなくすには、**他人との比較をやめ、自信をつけること**です。

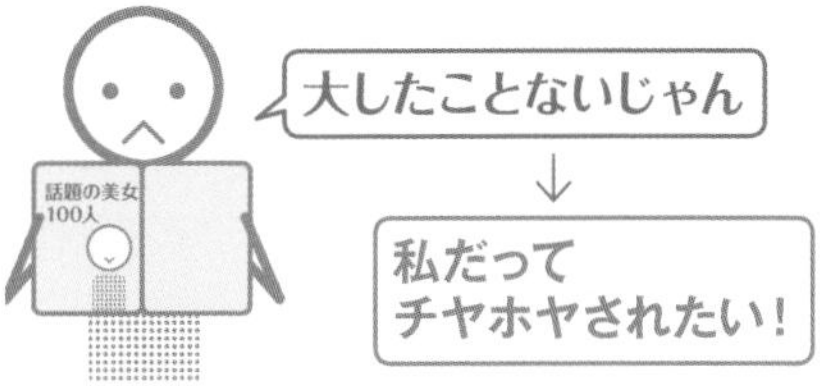
話題の美女
100人
大したことないじゃん
私だって
チヤホヤされたい！

　また、このようなかたよった思考がエスカレートすると、暴力や嫌がらせで相手を屈服させるDVやストーカー行為に発展する恐れがあるので要注意です。

　このとき、束縛がひどくても、怒るのは逆効果。**相手の好きなところを言葉で伝え、愛されている自信を持ってもらいましょう。**自信があれば、猜疑心が薄れ、束縛も少なくなります。

ちょっと＋α

愛される自信がないと自己評価が低い

自己評価が低いのは、過去のトラウマが原因であることも。これは、恋人に浮気された、恋人に突然別れを告げられた、母親の愛情を十分感じられず育ったなどのつらい体験です。「自分はだれかに愛される存在」という自信が持てないのです。

恋愛

13

なかなか会えなくてさびしい……いつまでガマンできるかな？

遠距離恋愛は続かないの？

もう1年かぁ…
離ればなれでさみしいな
友達に誘われた合コン、
行こうかなぁ〜…

知っておこう 住んでいる距離が近いほど結ばれやすい

近くに住んでいると、相手に親しみを感じるだけでなく、頻繁に会うこともできます。単純接触の原理（104ページ）も作用し、仲が深まります。

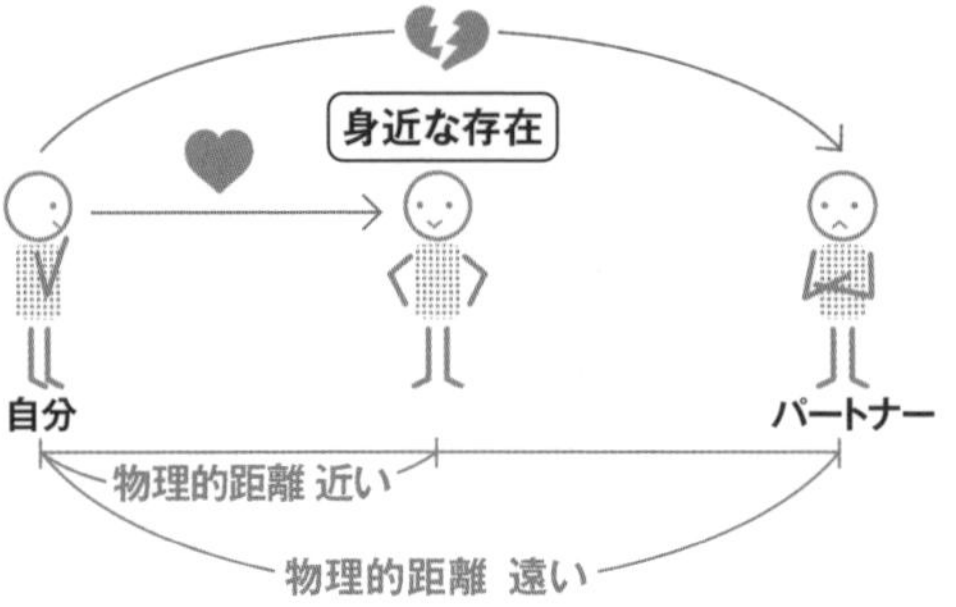

身近な存在
自分
パートナー
物理的距離 近い
物理的距離 遠い

ボッサードの法則
男女の物理的な距離が近いほど、心理的な距離が縮まるという考え。心理学者ボッサードの調査では、既婚カップル5,000人のうち3分の1が5ブロック以内に住んでいた。

近くにいる異性が将来のパートナー候補

恋人同士にとって、簡単に会えない遠距離恋愛はつらいもの。遠距離が原因で、別れてしまうカップルも少なくありません。

一方、ボッサードの調査から、人は近くに住んでいる異性と心理的な距離が縮まりやすいとされています（ボッサードの法則）。**物理的に近く、頻繁に会えるため、警戒心が解け、好意を持ちやすいのです。**

これに関連して、興味深い調査があります。心理学者スタッフォードが遠距離恋愛のカップルを対象に行った調査によると、遠距離のまま結

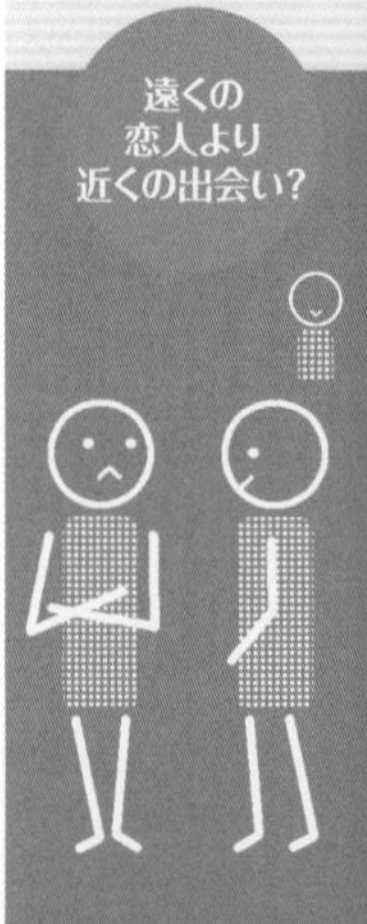

遠くの
恋人より
近くの出会い？

使える＆役立つ 遠距離恋愛が続くのは3組に1組

遠距離恋愛では、「ロミオとジュリエット効果」が発揮されます。「距離」が障害となり、より情熱的になりますが、それを維持するには継続的な努力と強い忍耐力が必要です。

心理学者スタッフォードによる調査

遠距離恋愛を始めても、半数は遠距離を解消します。また、半数は遠距離のまま別れます。

遠距離を解消して近くで暮らし始めても、3分の1は別れてしまいます。

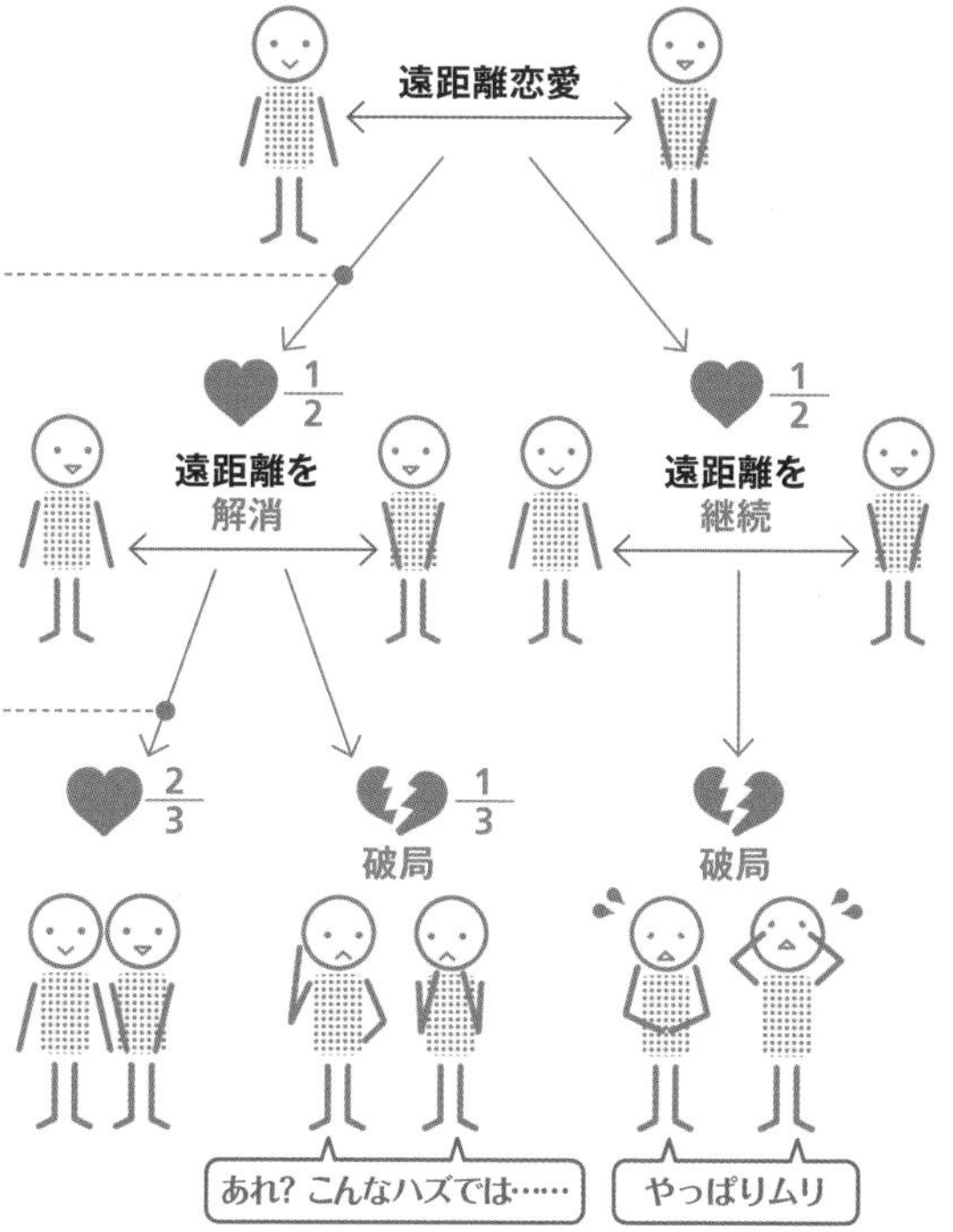
遠距離恋愛
1/2
遠距離を解消
1/2
遠距離を継続
2/3
1/3
破局
破局
あれ? こんなハズでは……
やっぱりムリ

ロミオとジュリエット効果
障害があればあるほど恋を成就させたい気持ちが高まることを指す。

ボッサードの法則
住んでいる距離が近いほど、結婚する確率は高くなるという法則。

ばれたカップルはいませんでした。

また、遠距離を解消しても、3分の1のカップルは別れてしまいました。

遠距離という障害がある状況では、気持ちが高まり、会えないぶん愛情が深まるため、パートナーの行動を理想化しがち。しかし、簡単に会えるようになったとたん、**相手の欠点が目について、一気に気持ちが冷めることがある**のです。

ちょっと＋α

遠距離恋愛を持続させるコンコルド効果とは？

「コンコルド効果」とは、ある対象へのそれまでの金銭的・精神的・時間的投資を惜しみ、やめられなくなる状態を指す言葉。遠距離恋愛では、恋人に会うために時間と経済的負担がかかりますが、それがムダにならないよう関係を続ける努力をし、身が引きにくい状態になるのです。

恋愛♥ 14

パートナーの突然の心変わり。意味がわからない！ 急に気持ちが冷めるワケは？

知っておこう 急に気持ちが冷める2つの理由

急に気持ちが冷める理由は「極度の理想化」と「認知のゆがみ」です。これらの思考が強い人は、つきあったとたんに相手を嫌いになることも。

認知のゆがみ
物事の考え方がかたよる、論理的でない思い込みをするといった癖。１つの失敗を「完全な失敗」などと極端に考え、自分を追いつめてしまう。

一気に冷めてしまう理由は極端な理想化と拡大解釈

念願の恋人ができても、ささいなことで冷めてしまうことがあります。保有効果（120ページ）のように、異性に恋をすると、相手をつい理想化しがち。**イメージしていた相手の性格がすばらしいほど、マイナスの要素に大きな衝撃を受けます。**また、かたよった思考パターンを持つ人は、たったひとつイヤな部分が見つかっただけで、「いつも○○」などと決めつけ、許せなくなります。

一度冷めてしまった恋心は、なかなか再燃しません。もし**恋心が冷めて別れを告げる場合、相手との温度**

今までありがとう

使える&役立つ

スマートに別れる方法

恋人にフラれると、自分の存在や価値を否定されたようで、大きなショックを味わいます。別れを告げるときは、相手に納得してもらえるようきちんと話し合いましょう。

突然別れを告げる

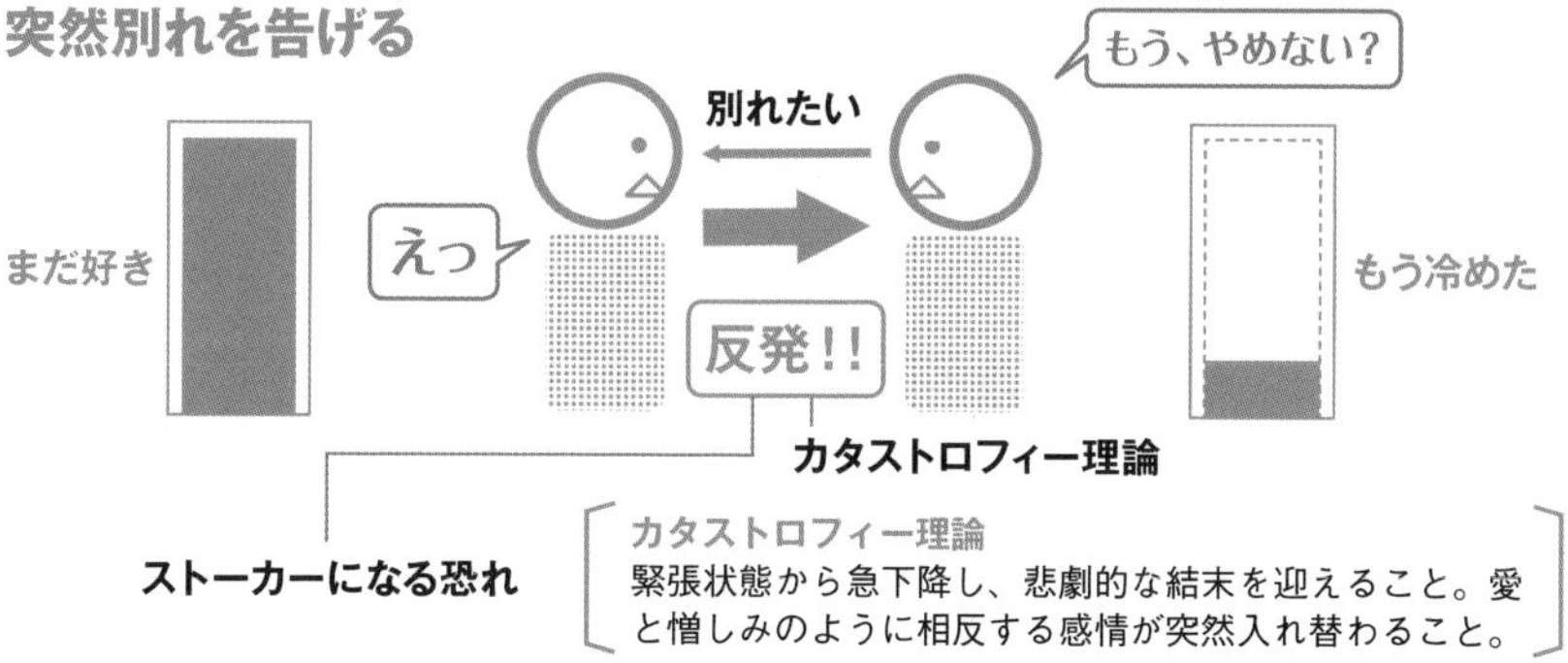
もう、やめない?
別れたい
まだ好き
えっ
もう冷めた
反発!!
カタストロフィー理論
ストーカーになる恐れ
カタストロフィー理論
緊張状態から急下降し、悲劇的な結末を迎えること。愛と憎しみのように相反する感情が突然入れ替わること。

お互いに納得して別れる

サインを出す
デートの約束を入れない、連絡の頻度を落とす、相性が悪いと遠まわしに伝えるなどのサイン。

直接会う
直接会って別れの意思を伝えたほうが、相手は現実を受け止めやすくなります。

今までありがとう

✕ 電話で済ます
相手が目の前にいない場合、現実を受け止められず、悲しみや怒りがわきます。

✕ ラインで済ます
フるほうが一方的に別れを告げる印象が強まり、相手の攻撃衝動が起こる恐れも。

差を考慮する必要があります。とくに、突然別れを告げるのは相手の反発や怒りを買います。お互いに納得できるよう慎重に打ち明けましょう。

　気持ちが冷めてきたら、物理的・心理的距離をおき、サインを送ります。**いよいよ打ち明けるときは、相手への感謝の気持ちを忘れずに。**「ありがとう」という言葉は、別れのショックを小さくします。

ちょっと+α

大恋愛ほど憎しみが生まれやすい

愛情の度合いが大きいほど、裏切られたときの反動は大きくなります。これは認知的不協和といって、自分の行動を正当化する心理が働くため。愛していた人と別れる事実は変えられないので、相手を憎むことで心のバランスを取ろうとしているのです。
一方、本気でない相手には、別れを切り出されても動揺しません。

人が抱きやすい妄想の種類

「事実と違うことを本気で思い込むこと」を妄想といいます。
どんなものがあるかを、ここで紹介しましょう。

被害妄想

他人から悪意を持って阻害されていると感じる妄想です。うまく就職できなかったり、仕事で失敗したりすると、他人に妨害されたせいだと考えてしまいます。この妄想を抱く原因はさまざまですが、自分に自信を持てないこともそのひとつです。

誇大妄想

自分を過大評価したり、実際には存在しない地位や財産、能力を自分が持っていると思い込んだりします。気分が高揚しているときなどにこの妄想を抱きやすく、多額の借金をしてしまうなどの問題行動を起こすことも。

罪業妄想

「仕事のちょっとしたミスで会社全体に迷惑をかけた」など、自分は非常に罪深い存在だと思い込みます。本人が「罪」と思っているものは、まわりから見るとごくささいなことである場合がほとんどです。

盗害妄想

自分のものを盗まれたと思い込む妄想。サイフを自分でしまったのにそのことを忘れてしまう、といった行動をとります。「もの忘れ」の激しい高齢者に見られます。まわりの人は本人の言動を否定せず、一緒に探すなど共感的に対応する必要があります。

貧困妄想

自分は経済的に貧しく、このままでは生活が破綻すると悲観します。実際には十分に貯金があっても、それを認めずこの妄想に陥ることがあります。誤って財産を売却するなどの行動に出てしまうケースもあるので注意が必要です。

心気妄想

動悸がしたら「心筋梗塞の前兆では？」などと、自分が病気にかかっていると思い込みます。また、実際に持病があると、「不治の病だ」などと、症状が実際より重いと悲観してしまいます。より妄想を深めてしまわないよう、本人の言葉をいたずらに否定しないことが大切です。

はみ出しコラム 4

マリッジブルーの心理は？

本当に結婚して
いいのだろうか……

過去の「不安」や「不満」が原因

結婚を約束して、結婚式の準備なども進んでいるのに、「本当にこの人でよかったのか」と不安になることを「マリッジブルー」といいます。

この心理は、とくに女性が感じやすく、過去をふり返って「あのときケンカして性格が合わないと思ったなぁ」「結婚してもうまくいかないかも」と考えるというもの。背景には男女の記憶のズレがあります。

男性は事実を中心に記憶しがちな一方、女性は感情を中心に記憶しがち。ケンカをして仲直りしたあと、男性は「あのときあんな言い合いになってしまったけど、元どおりになってよかった」と考えます。一方、女性は、「あのときあんなことを言われてイヤだった」という気持ちが残り、あとから思い出します。

もし、パートナーがマリッジブルーに陥ったら、「いつもわがままを怒らずに聞いてくれてありがとう」などと感謝の気持ちを伝えましょう。プラスの印象が強まり、パートナーの気持ちも落ち着くはずです。

友だちへの感情から自分を知る

テスト4

友だちが浮気していたら？

あなたの友だちが浮気をして、
二股をかけているようです。
それに対して、あなたはどう思いますか？

A 最低！許せない！

B へえ、そうなんだ……

C まあ、いいんじゃない？

診断

あなたの浮気危険度がわかります

浮気した友だちに抱いた感情には、あなた自身の浮気に対する興味や浮気経験が表れています。ここでは、隠されたあなたの心理をズバリ判定します。

Ⓐ 浮気の危険度は高め

二股を否定しすぎるのは、おいしい思いをしている友人に対して「うらやましい」「自分も異性と遊びたい」という気持ちがあるため。もしもチャンスがあれば浮気をしてしまうかも!?

Ⓑ 浮気の危険度は低め

二股に対して反応が薄いのは、浮気に対して何の感情も抱いていないため。浮気をする危険度はかなり低いでしょう。

Ⓒ すでに浮気経験済み!?

二股に対して寛容なのは、あなた自身に浮気をした経験があるか、他の人に心を奪われたり、異性の友だちと自由に遊んだりした経験があるからかもしれません。浮気の危険度はかなり高いでしょう。

幸せな恋愛へのアドバイス

ナルシスト・寂しがり・飽きっぽい人は注意

浮気に走りやすいのは「自分は特別」と考える、寂しさのあまり恋愛に依存する、人に対する興味が変わりやすいタイプ。スリルと愛情を勘違いしないよう注意。

パート

5

仕事ができる人になる！心理学

仕事をうまく依頼する方法、
部下の上手なほめ方など、
ビジネスシーンには心理学を
活用できる場面が多くあります。
ここで紹介するやり方を実践して、
一目置かれる存在になりましょう。

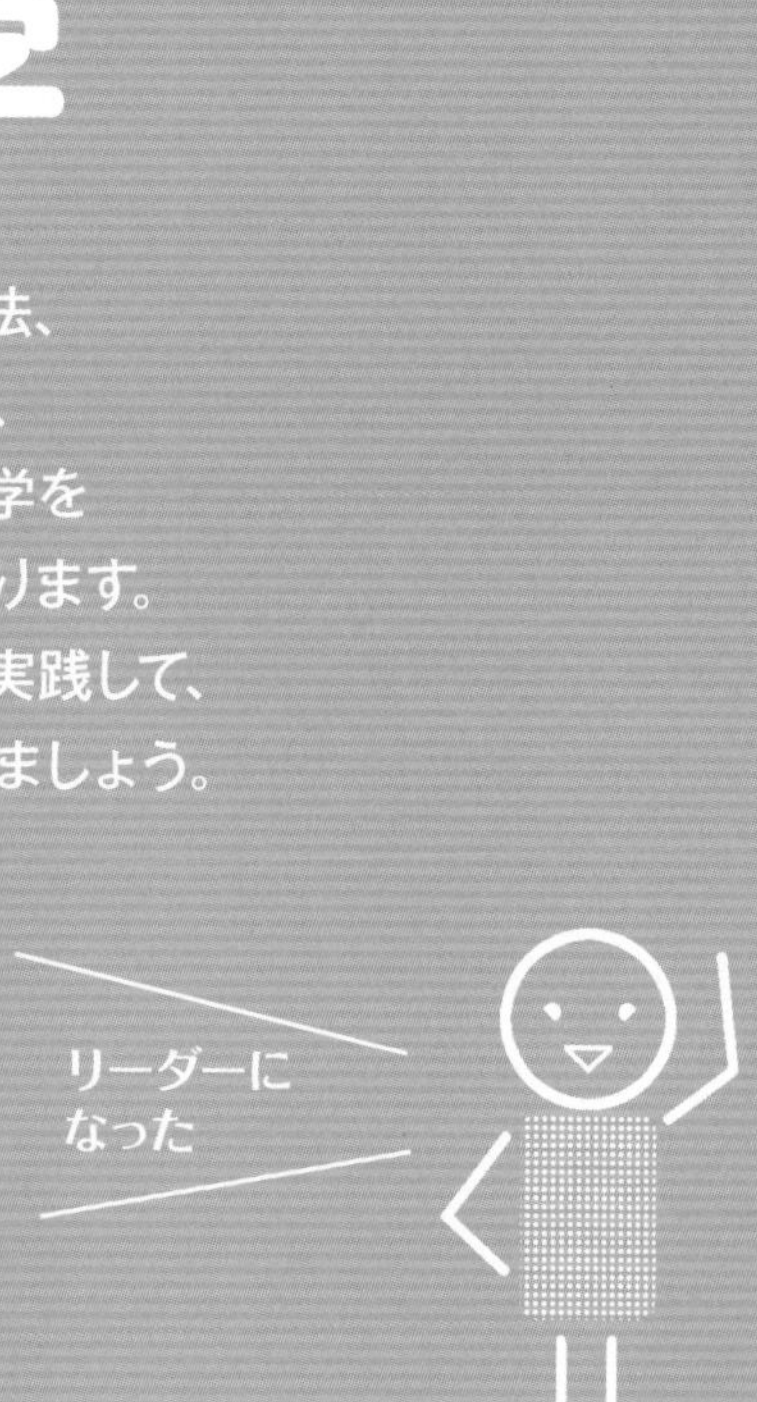

集団の中でどうふるまえばいい？

部やチームのメンバーとしてどう行動すべき？

これからどう
立ち回れば
いいかな…
こちらが、新入社員の
○○さんで…
あちらが
係長の…
向こうが
課長の…

知っておこう　集団に属すると地位と役割ができる

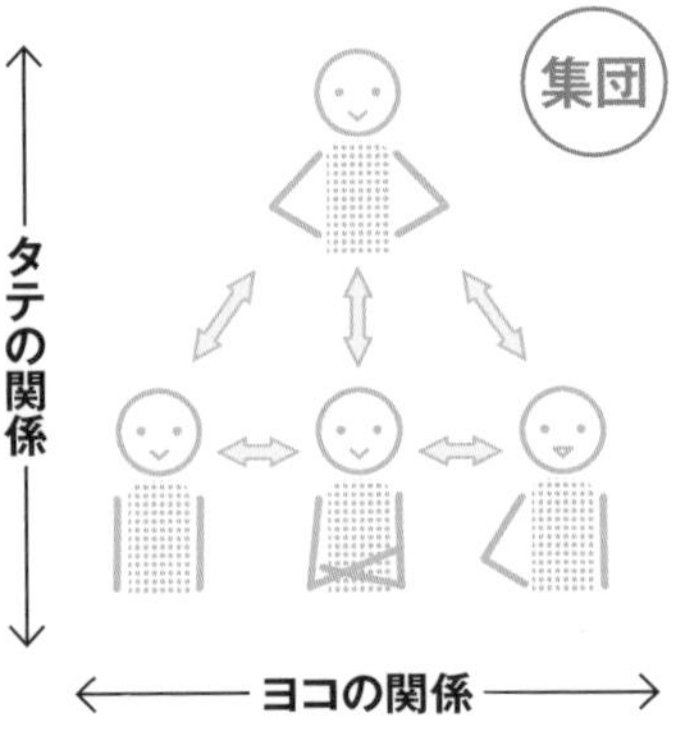
集団
タテの関係
ヨコの関係

集団を維持し目的を達成するために、メンバーに役割と地位が与えられます。リーダーにメンバーが従う「タテの関係」と、仲間や同僚同士の「ヨコの関係」があります。

役割期待
集団において、何らかの地位や役割が与えられ、ふさわしい行動を求められること。地位や職業、性別、親子関係など、さまざまな類型がある。いわゆる「○○○らしさ」に近い概念。

どうしたらいい？

集団の役割を意識して それらしく行動する

会社やサークルなど、集団の一員になると、自分勝手にふるまうことは許されません。集団に加わったことで、**地位や役割が与えられ、それにふさわしい行動をとることが求められるから**です。これを「役割期待」といいます。たとえば、上司は部下に命令し、部下は上司の言うことに従う必要があります。

　不思議なもので、**人は役割を与えられると、その役割にふさわしい行動をとるようになります**。たとえば、責任感のない人にあえてリーダーを任せると、最初はぎこちなくても、

使える&役立つ 集団のパフォーマンスを上げる方法

集団における各メンバーの「役割」や、メンバー同士の「関係」をうまく利用すると、それぞれの能力を向上させたり、集団のパフォーマンスを上げたりできます。

❶ それぞれが自分の役割を意識する

たとえば、まわりから「課長にふさわしい決断力」を期待されることで、その人は能力を上げようと努力します。すると、**実際に決断力が鍛えられていく**のです。

課長だから
決断力があるはず
課長だから
決断力があるはず
決断が
早くなってきた

役割効果

特定の地位や役割のある人が、どのような行動をとるべきか自ら理解し、その地位や役割にふさわしいふるまいをするようになること。「自分は○○だ」と意識することで、理想の○○に自分を近づけようとして、能力が高まっていく。

❷ メンバーのつながり方を変える

メンバーのつながり方は、それぞれの満足度や集団の機能に大きな影響を与えます。下のように、**状況に応じてつながり方を変える**ことで、集団の目的を効率的に達成できます。

困難な問題を解決したいとき

リーダーを決めずに、メンバーが平等に情報や指示を伝えあう。

円型

時間的な効率は落ちるが、高いレベルの課題を達成できる

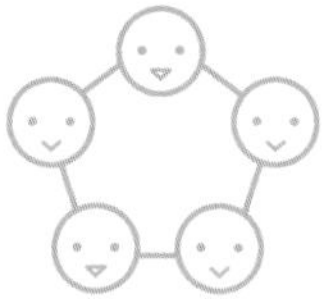

単純な作業をこなしたいとき

リーダーがそれぞれに指示や情報を伝える。メンバー同士のつながりは薄い。

車軸型

メンバーの満足度は低くなるが、効率は良い。

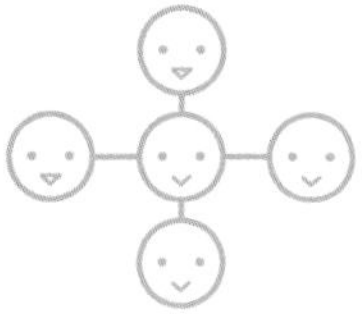

次第にしっかりとふるまうようになるのです。役割を「演じる」うちに、自分の言動に注意を払うよう意識が変わっていくのです。**これは「役割効果」と呼ばれています。**

この心理作用をうまく利用することで、集団をうまく機能させ、パフォーマンスを上げることができます。

ちょっと+α

人は権力に影響されやすい

アメリカの心理学者のジンバルドーは、被験者を看守役と囚人役とに分け、監獄を模した実験場でそれぞれの役を演じてもらいました。実験が進むにつれ、看守役は看守らしく、囚人役は囚人らしくふるまうようになり、次第に行動がエスカレート。実験は6日間で中止になりました。人の行動は地位や役割によって大きく変わり、とくに権力の影響は絶大であることがわかりました。

他人に厳しくしてしまう理由は？

職場の人の欠点にばかり目が向いて、きつい言葉をかけてしまう

だいたい、あなたは注意力が足りないの
のんびりしすぎだし
すみません…
また言葉がきつくなっちゃった…

知ってお こう

人は他人のことを勝手に解釈してしまう

人は、他人の行動の原因を「状況」ではなく「性格」に求めます。いったん他人の性格を決めつけてしまうと、それ以外の事実に目が向かなくなります。

自分に対して……

他人に対して……

上司が無理な要求をしたのでイライラする
イライラする自分
怒りっぽい性格だからイライラしている
性格
能力
イライラするA氏

行為者ー観察者バイアス
同じ行動であっても、他人の場合は、その行動の原因が性格や能力にあると思うのに対し、自分の場合は、状況や運など自分以外の原因があると考える傾向のこと。

言葉を選びたい

他人の行動の原因を公平な目で見る

人は、だれかの行動を見たとき、その人の置かれた「状況」ではなく、**「性格・能力」が原因でその行動をとったと考える傾向があります。**たとえば、「A君はあわてものなので、いつも資料をなくす」「Bさんは怒りっぽい性格なので、つねにイライラしている」といった具合です。そして、いったん「怒りっぽい性格」と思い込むと、それ以外の原因に目を向けなくなってしまいます。人間関係がギスギスするのは、こうした考え方が理由であることが多いのです。

一方で、自分自身の行動を見ると

使える&役立つ　他人を公平に見るための着眼点

他人を公平に評価する際には、その人の性格や才能ではなく、スキルや行動、状況に注目します。そうすることで、相手に厳しい態度で接することがなくなります。

着眼点 1 スキルに関するアドバイスをする

情報収集のやりかたに
慣れていないね。
もっと方法を工夫してみよう

→本人の意思で改善できる部分について言う。

相手の力が及ばず仕事で失敗してしまったとき、相手の能力の低さを責めるのはNG。「本を読んで勉強する」「講習会に参加する」など、**本人の行動次第でスキルアップが図れる**ようアドバイスしましょう。

着眼点 2 行動について指摘する

あの発言はまずかったよね。
あとでフォローの電話を
したほうがいいよ

→「そのときのあの行動」だけが問題であることを強調する。

相手の不注意によって仕事がうまくいかなかったときは、「あなたは臆病者だから」などと、相手の性格について触れるのではなく、「あの発言がダメだった」と、**具体的な行動だけに焦点を当てる**といいでしょう。

着眼点 3 状況に原因を求める

スケジュールが厳しかったから
しかたないよね。今度は段取り
を考えながら取り組もう

→本人とは別のところに原因があることを伝える。

相手の落ち度を正直に指摘するのは、それが事実であってもトラブルの元。相手の置かれた状況に目を向け、**本人とは別のところに原因がある**と伝えます。そこに、将来へのアドバイスをそえるのがベストです。

きは、正反対に考えます。「忙しくて資料をなくしてしまった」「上司の指摘が理不尽なのでイライラした」などと、**自分とは関係ない原因が結果を招いたと思ってしまう**のです。これを「行為者―観察者バイアス」と呼んでいます。**人間関係を円滑にするには、他人に対する思い込みを捨て、公平に判断する必要があります。**ここではその方法を解説しています。

ちょっと+α

相手と距離を置くことも有効

人は相手との関係が近くて深いほど、行動の原因を「性格のせい」と考えがちです。そこで、同様の状況なら、相手と少し距離を置くようにします。そこで客観的になれれば、いたずらにイライラしなくなり、的確に行動できるようになります。

相手に断られたらどうしよう？と思って、お願いごとがしにくい OKしてもらえる頼み方は？

知っておこう

何かしらの理由があると承諾しやすい

人はものを頼まれたとき、理由があるとつい承諾してしまいます。正当な理由でも、あるいはこじつけであっても、ほぼ同様の効果が得られます。

理由を言わずに頼んだ場合……

理由を言ってから頼んだ場合……

カチッサー効果
理由を伝えるだけで、深く考えずに特定のお願いを許諾してしまう心理現象。心理学者エレン・ランガーの実験によって明らかにされた。

ついOKしてしまう心理テクニックを利用する

ビジネスの世界では、多少無理だと思われることでも、相手に頼みごとを引き受けてもらわなければならないこともあります。そんなときは、「カチッサー効果」という心理学の理論を利用するのが効果的です。これは、頼みごとをするときに**「理由をそえる」**というもの。「このデータを入力して」ではなく、「このデータが今日中に必要だから、すぐに入力して」というように頼むと、すんなり承諾してくれるのです。**理由は、ほとんど意味がないものでもOK。何らかの理由づけをされていること**

使える＆役立つ　相手のYESを引き出すテクニック

相手からＯＫを引き出す頼み方はいくつかありますが、下の２つがよく知られています。会議や商談などのビジネスシーンはもちろん、プライベートの会話にも使えます。

〈ドア・イン・ザ・フェイス・テクニック〉

**まず拒否されることを見越して依頼し
そのあと小さい依頼に切り替える**

難しいお願いごとを断ると、断ったほうに少し**罪悪感が生まれます**。すると、次の小さい依頼を「相手が譲歩してくれた」と考え、つい受け入れてしまうのです。

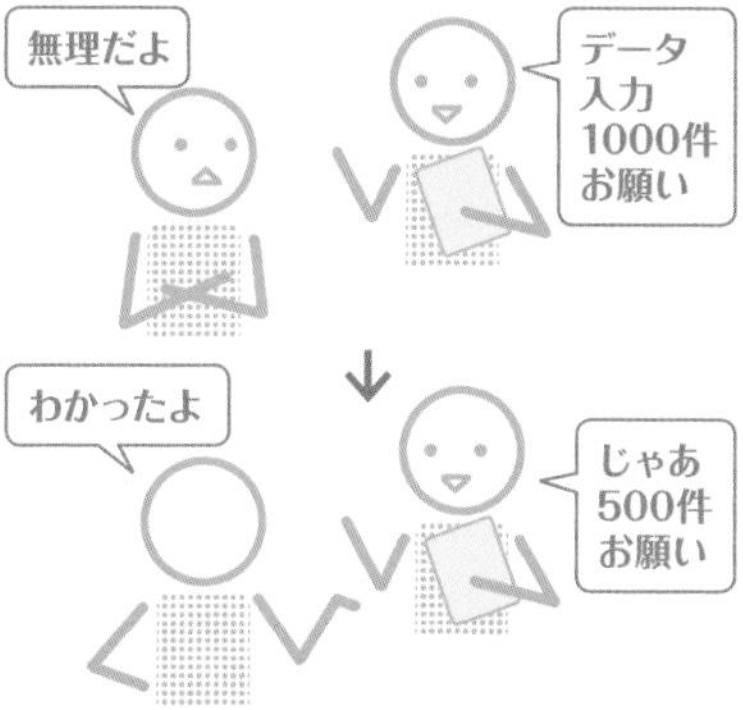

**大きな依頼を断ると、後ろめたさから、
次の依頼が相手の譲歩に感じる**

〈フット・イン・ザ・ドア・テクニック〉

**最初に簡単な依頼を受けてもらい
次に本来の難しい依頼をする**

一度簡単な依頼を受けてしまうと「前にも同じようなことを承諾したから」という**義務感のような意識**が働き、次の難しいお願いも断りにくくなってしまうのです。

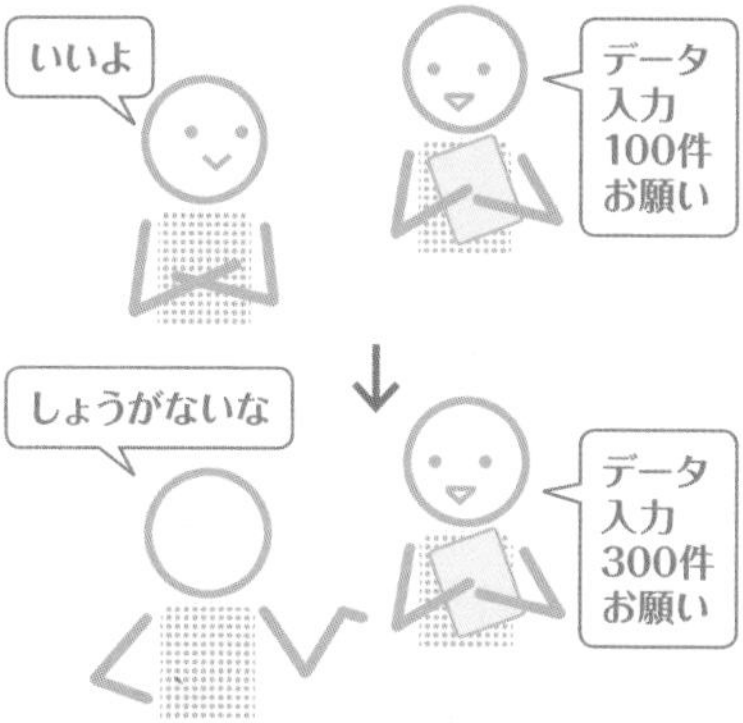

**一度依頼に応えてしまうと
次の依頼が断りにくくなる**

が重要なのです。

　また、相手によっては、良い面だけを主張したり（一面提示）、メリットとデメリットの両方を説明したりする（二面提示）のも有効です。ほかにも、上記のように、人の心理を利用した頼み方があるので、ぜひ実践してみてください。

ちょっと＋α

偽の好条件を示して説得する方法

たとえば、「40%セール」だと思って入ったお店が、セール中の商品はごく一部だけ。セール以外の商品を購入するつもりはなかったけど、購入した経験はありませんか？　最初に好条件の要求をのんでしまうと、後に引けなくなってしまうのです。これは、はじめに相手が承諾しやすい好条件を出し、その後、徐々に不利な条件を突きつける手法「ローボール・テクニック」といいます。

依頼を断ったら人間関係が壊れてしまうのではないかと不安

相手の気分を害さずに断るには?

これから、飲みにいくんだけどどう?
え? あ… はい…
今日中に仕上げたいのに…

知っておこう

「主張的反応」なら気持ちが伝わる

気の進まない頼みごとをされたときの受け答えの典型パターンはおもに4つ。「主張的反応」なら相手に理解してもらえ、自分にもストレスがたまりません。

❶ 主張的反応 ○
断りと謝罪をきちんと言葉にする。

「無理だと思います。申し訳ありません」

❷ 直接的攻撃反応 ×
ネガティブな言葉で強く反論する。

「勝手に決めないでください!」

❸ 間接的攻撃反応 ×
言葉を発せずネガティブな態度をとる。

「…………」

❹ 非主張的反応 ×
何も主張せずに了承してしまう。

「わかりました……」

どうやって断ろう?

謝罪・代案・理由をそえてはっきりと断る

急な仕事を頼まれたけど、今は余裕がないので断りたい……。そんなとき、あなたはどのように対応するでしょうか? 気の進まない頼みごとをされたとき、人がどのような受け答えをするかは、おもに上記の4つのパターンがあります。

なかでも、**断りたい気持ちをおさえて「わかりました」と受け入れてしまう人（非主張的反応のある人）は注意が必要**。一見良い対応に思えますが、長期的に見るとストレスをため込んでしまいます。依頼を受けられないときは「申し訳ありません

使える＆役立つ 「主張的反応」を実践する2ステップ

断るときのポイントははっきり言葉にすること。このとき相手に不快な思いをさせないように、できるだけ下のようなステップをふみましょう。

ステップ❶ 謝罪と感謝の意を伝える

まずは「お断りします」と自分の意思を言葉で伝えるのが基本。そのうえで、「申し訳ありません」と謝罪を付け加えます。「うれしいのですが～」などと、**依頼してくれたことへの感謝**を述べるのも効果的です。

申し訳ありません。
ご依頼はうれしいのですが
お受けできません

はっきり言葉にして断る意思を伝える

ステップ❷ 以下のいずれか（できれば両方）を行う

A. 理由を述べる

「重要な会議があって～」など、仕事の予定や**自分以外のだれかの都合**が理由であることを伝えると、相手を傷つけずに断れます。

A社の案件が
佳境に入っていて
時間がとれません

自分の都合ではない事柄を理由にする

B. 代案を提示する

代案を示すことで、「依頼そのものを拒絶しているわけではない」という気持ちが伝わり、相手に不快な思いをさせずにすみます。

A社の案件が
終われば
手が空きますので
取りかかれます

実行可能な代案を伝える

が、できません」と、**はっきりと言葉にして断る（主張的反応をする）ことが大切**。ただし、相手に不快な思いをさせない工夫はしましょう。**ポイントは「謝る」「代案を提示する」「理由を述べる」の3点**。これらを実践することで、人間関係を損なわずに上手に断れるようになります。

ちょっと＋α

断る理由は「あなた」ではない

依頼を断られたとき、まったく気にしない人もいますが、「自分が嫌われているから断られたのかも」と必要以上に疑ってしまう人がいます。自尊心が強い人は「私が頼んでいるのになんで断るの！」と怒ってしまうかもしれません。こういう人には日程が合わないなど、具体的な理由を述べ、依頼した相手を拒絶しているわけではないことを、しっかり伝えましょう。

仕事でうまくいかないことがあると、落ち込んでしまう
失敗したときはどう対処する？

あそこで、金額を出したのは間違いだった…
自分がもっと準備をしていれば…
あのとき、自分が言わなかったからいけないんだ…

知っておこう

失敗の原因を求めるタイプは2つある

失敗の原因を自分以外のものに求めることを「外的統制型」、自分自身に問題があると考えることを「内的統制型」といいます。

原因帰属

内的統制型

失敗の原因をつねに自分に求める

自分の実力が足りなかった

外的統制型

失敗の原因を自分ではなく外に求める

たまたま運が悪かった

原因帰属
身のまわりで起きる出来事や、自分や他人の行動について、その原因をどこに求めるかということ。社会心理学者のフリッツ・ハイダーが提唱。

落ち込むなあ……

原因をどこに求めるかで対処法が変わる

仕事でうまくいかないことがあったとき、落ち込んでしまうことはだれにでもあります。このとき「自分に能力がなかった」「努力が足りなかった」「運が悪かった」「仕事が難しすぎた」など、さまざまな原因が頭に浮かぶでしょう。

このように、行動の結果に対し、原因を何に求めるかを「原因帰属」といいます。重要なのは失敗そのものではなく、原因をどのようにとらえるかなのです。

失敗の原因を「自分」に求める人は、落ち込みやすい傾向にある一方で、

使える&役立つ それぞれのデメリットを減らす方法

「外的統制型」と「内的統制型」にはそれぞれ長所・短所があり、短所を補うことで、失敗の経験を仕事に役立てることができます。自分がどちらのタイプなのか見極めましょう。

内的統制型の人は……

「外」をプラスする

失敗の原因が自分にあると考え、落ち込んでしまう人は、**「自分だけのせいではないかも」**と、視点を切り替えましょう。気持ちが楽になり、仕事にも集中できるはずです。

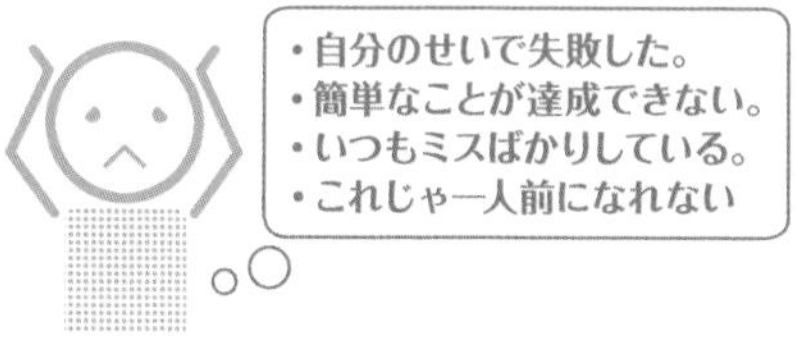
・自分のせいで失敗した。
・簡単なことが達成できない。
・いつもミスばかりしている。
・これじゃ一人前になれない

原因を外に求める

- 自分のせいではない。
- ハードルが高すぎた。
- タイミングが悪かった。
- 手がまわらなかった。

↓

ストレスを減らし仕事に集中できる

外的統制型の人は……

「内」をプラスする

失敗を反省することなく、都合の良い言い訳をしがちな人は、自分自身にも問題はなかったか分析してみましょう。**失敗の経験が自分を成長させる良いチャンス**になるはずです。

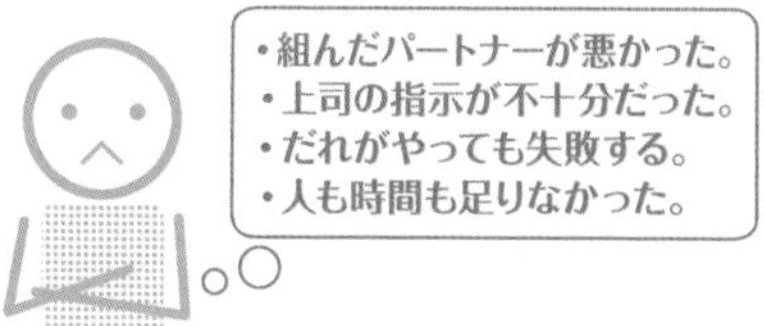
・組んだパートナーが悪かった。
・上司の指示が不十分だった。
・だれがやっても失敗する。
・人も時間も足りなかった。

原因を自分に求める

- 自分の不注意だった。
- 努力が足りなかった。
- 次は失敗しないようにしよう。
- 問題点を見つけるチャンスだ。

↓

自分を成長させることができる

失敗の経験を次に活かそうと努力します。逆に「自分以外」に求める人は、すばやく気分を切り替え次のアクションがとれますが、同じ失敗を犯す危険もあります。

自分がどちらのタイプなのかを見極め、それぞれのデメリットを減らすことで、自分のスキルを上げたり、仕事で成果を挙げたりできます。

ちょっと+α

成功したときは素直に考える

仕事で成功したときは、失敗した場合と異なり、素直に思考を働かせます。すなわち、原因を内に求めがちな人(内的統制型)は、自分の努力の結果だと自分の「内」に理由を探します。逆に、原因を外に求めがちな人(外的統制型)は、成果が挙がったのはみんなのおかげだと、理由を「外」から持ち込むのです。

仕事 06

将来、やりたいことがあるけど、どうやって叶えたらいい？ 大きな目標を達成するコツって？

社長になりたい
なんて言えない…
一国一城の
主に、なるぞ！
2人は、夢
とかあるの？

知っておこう 目標に近づくほどやる気がわいてくる

もうすぐ
ゴールだ！
ゴールが目前だと
あきらめない
ゴールまで遠いと
あきらめやすい
面倒だな
やめようかな

登山にたとえると、出発する前は「大変」「面倒」と思いがちでも、頂上を目前にしてあきらめようという気は起きません。

目標の欲求勾配仮説
目標に近づけば近づくほど、その目標の価値が高まり、達成したい欲求や動機が強くなるという仮説。目標が達成しやすいと思えるほど達成しなければならないという欲求が生まれる。

夢を
叶えたい！

小さい目標を積み重ね大きな成果につなげる

「全社で営業成績ナンバーワン」の先輩や上司を見て、「とてもあんなふうにはなれない」とあきらめていませんか？　実現が難しそうな大きな目標でも、達成の可能性を高める方法があります。それは「目標の欲求勾配仮説」といって、**目標達成に近づくほど目標の価値が高まり、やる気がわいてくる**という理論です。

人はゴールまでの道のりが遠すぎるとモチベーションを維持できず、挫折してしまいがちです。そこで、**大きな目標を分割し、小さい目標を設定します**（たとえば、1000件の

使える&役立つ

目標を達成するための4つのコツ

モチベーションを維持しながら行動を続け、着実にゴールに到達するには、目標の設定を効果的に行う必要があります。目標を立てる際に下記の点に注意しましょう。

① 自分で目標を立てる

目標は他人が決めるより、自分で立てるほうがモチベーションが高まります。

○社長賞を目標にするぞ
×社長賞を目指せよ

モチベーションが高まる

② 目標の内容を具体的にする

期限や数値を含む具体的な内容にすると、行動する意欲がわきます。

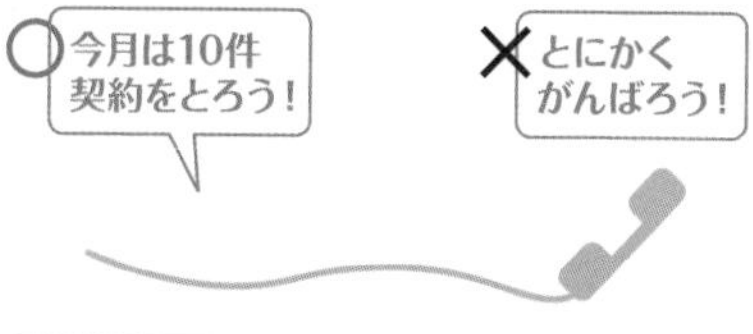
○今月は10件契約をとろう!
×とにかくがんばろう!

達成の可能性が高まる

③ 達成可能な少し高めの目標にする

努力すれば達成できる目標なら、やる気も出て、**実現したときの達成感**も得られます。

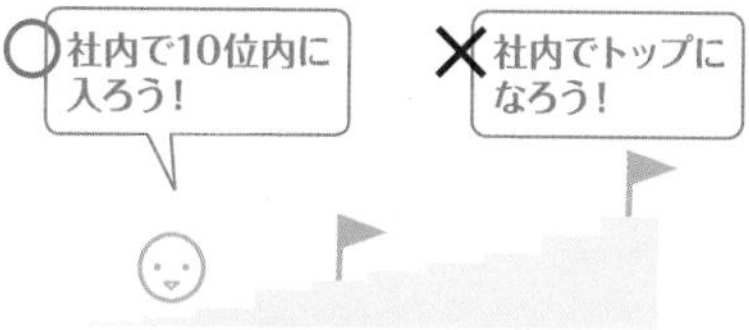
○社内で10位内に入ろう!
×社内でトップになろう!

達成感を得やすくなる

④ 目標を公表する

みんなの前で決意表明をすると、目標達成への意欲が高まり、行動に結びつきます。

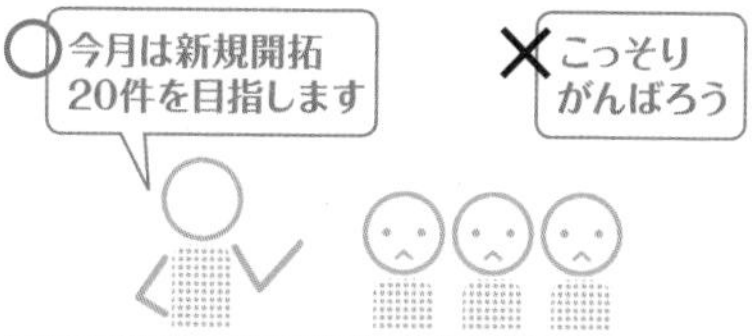
○今月は新規開拓20件を目指します
×こっそりがんばろう

行動せざるを得なくなる

成約を得るために、1日50本電話をかける)。**小さい目標ならゴールが近いので、達成しようとする気持ちが強まります。**実際にやり遂げれば、達成感も味わえます。すると、モチベーションがアップするため、さらに先に進もうと考えます。

ここでは、目標を達成するための具体的なコツを紹介しています。

ちょっと+α

ときには自己暗示も有効

「こんな高い目標、達成できるかな」と弱気にならず、「自分ならできる!」と自分自身に言い聞かせることも有効です。じつは人は、自分の予測したことや宣言したことを達成するように行動しようと努力します。これを「自己成就予言」といいます。この心理が働くことによって、期待どおりの結果を得やすくなるのです。

部下や後輩をうまく指導したいのに、どうしても感情的になってしまう 「キレる」と「叱る」はどう違う？

もっと
努力したら
どうなの！
そんなことだから
いつもミスばかり
するのよ！
また、
やっちゃった…

知っておこう

「キレる」のはフラストレーション反応

人はフラストレーション状態に陥ると、欲求不満を解消するため、さまざまな反応を起こします。「キレる」のもそのうちのひとつです。

冷静に叱る

他人に冷静に働きかける

相手の利益を考えた行動です。

↓

理性的

自分への
自信
精神的な
余裕

感情的にキレる

他人に感情をぶつける

自分の欲求を解消する行動です。

↓

攻撃的

コンプ
レックス
フラスト
レーション

フラストレーション
何らかの理由で欲求が阻止され、満たされない状態。また、その結果生じる不快な緊張や不安、不満のこと。「欲求不満」「欲求阻止」「要求不満」「要求阻止」とも。

フラストレーション状態を改善して冷静になる

だれでも感情的になり、他人に対して攻撃的な態度をとってしまうことがあります。いわゆる「キレる」状態です。心理学では、この状態をフラストレーション（欲求不満）反応で説明しています。**人は何らかの理由で欲求が満たされないと、フラストレーション状態になります。**その状態から解放されようと、さまざまな反応を起こすわけです。

フラストレーションの原因は、自信のなさや不安感です。これらを改善することで、**冷静に他人に働きかける（叱る）ことができます。**

我慢、
我慢

使える&役立つ

わきあがる怒りをうまくおさめる方法

「キレるのは良くない」とわかっていても、だれでも感情的になってしまうことはあります。怒りが爆発しそうになったら、下記の方法で乗り切りましょう。

10秒だけ我慢する

怒りの持続時間は5秒程度と言われています。10秒も耐えればおさまるでしょう。

1、2、3……

時間経過が怒りをやわらげる

いったんその場を離れる

いったんその場を離れ時間を置くだけでも、怒りの感情は小さくなっていきます。

冷静になれる時間・場所を作る

怒りの原因に目を向ける

怒りの理由がわかると、冷静になれるので、感情も次第におさまっていきます。

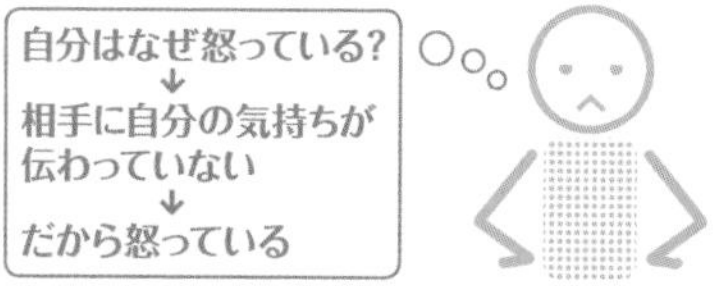
自分はなぜ怒っている?
↓
相手に自分の気持ちが伝わっていない
↓
だから怒っている

原因がわかれば落ち着ける

紙に書き出して破り捨てる

客観的に自分の感情を見つめることができ、コントロールがしやすくなります。

自分を客観視できる

人間であれば、思わず感情的になってしまうことはありますが、怒りは人間関係に悪影響を及ぼします。ビジネスの現場で「キレ」るのはNGです。もし「キレ」そうになったら、ここで紹介する方法で怒りを抑えましょう。

ちょっと+α

フラストレーション耐性を鍛える

アメリカの精神分析家ローゼンツァイクは、フラストレーションに耐えたり乗り越えたりする力を「フラストレーション耐性」と名づけました。この力は、先天的なものではなく、フラストレーションを与えられる経験を重ね、後天的に身につけるというもの。そのため、この耐性は自分で鍛えることができます。フラストレーションの原因を紙に書き出す、だれかに相談するなど、いくつかの方法を実践することで「強い自分」になれます。

はじめてチームの先頭に立つことになったけど、どうふるまえばいい？
デキるリーダーってどんな人？

知っておこう　リーダーは部下の接し方で分類できる

PM理論では、部下の気持ちを重んじるか、チームの成果を重視するかによって、リーダーのタイプを下の４つに分類しています。

M機能 高い ↑ ／ 低い　　低い ← → P機能 高い

pM型 平和主義
部下の意欲や満足度など、精神面に配慮し、援助の手を差し伸べる。ただ生産性は低い。

PM型 理想の上司
目標を正確に示し、成果を挙げられる。人望もあり、集団をまとめる能力に優れる。

pm型 リーダー失格
部下への配慮に欠け、集団をまとめられない。生産性も低く、リーダーとしては不適格。

Pm型 仕事人間
仕事に熱心に取り組み、成果も挙げる。しかし、部下に配慮せず、団結力に欠ける。

※Ｐ機能……Performance。目標達成のために部下に働きかけること。
M機能……Maintenance。集団存続のために部下に配慮すること。

状況に応じたリーダーシップを使う

会社に長く勤めていると、やがて上司として部下を指導したり、チームのリーダーとしてメンバーをまとめたりするようになります。そんなときは、リーダーシップに関する「PM理論」を参考にしましょう。これは**「目標達成のために部下に働きかけること（P機能）」と「集団存続のために部下に配慮すること（M機能）」の2つの要素**でリーダーシップが成り立つという説。

たとえば、P機能が強い上司は成果を挙げるために先頭に立ってチームを引っぱっていき、M機能が強い

使える&役立つ

4つのリーダーシップを使い分ける

PM理論では、「PM型」のリーダーが理想とされていますが、チームの状況によっては、「強いリーダー」「親しみやすいリーダー」など、**タイプを使い分ける必要があります。**

pM型

チームがギスギスしてきたとき

メンバーの関係がギスギスしてきたら、積極的にコミュニケーションをとって、関係の修復を図りましょう。

ランチ
ミーティング
しよう

対話が生まれる“場づくり”をする

PM型

チームにやる気があふれているとき

仕事のモチベーションをさらに上げ、メンバーの人間関係にも気を配れば、チームのパフォーマンスは最大に。

みんなで
協力しよう

仕事のアドバイスと人間関係を尊重する

pm型

チームにやる気が見られないとき

リーダーが黙って仕事を進め、無言の圧力をかければ成果が挙がります。ただし、メンバーの満足度は低くなります。

……

無言の圧力をかける

Pm型

仕事をスピーディにしたいとき

とにかく迅速に成果を挙げたいなら、人間関係は重視せず、メンバーにビジネスライクに指示だけを与えましょう。

資料作成
から
始めよう

テキパキと指示のみを与える

上司は成果よりチームワークを大切にするといった具合です。

　PM理論では、双方のバランスがとれた「PM型」のリーダーがもっとも生産性が高く、またメンバーの満足度も高いとされます。しかし、チームの状況によって、P機能を強めたり、あるいはM機能を重視するなど、調整することが大切です。

ちょっと＋α

レヴィンのリーダー分類

ドイツの心理学者レヴィンはリーダーを3つに分類しています。まず部下に細かい指示を与える「専従型」、次に集団の方針をメンバー全員で決める「民主型」、最後が集団の方針を決めず、すべてメンバーにまかせる「放任型」。このうち、生産性とメンバーの満足度の点ですぐれているのは「民主型」と結論づけています。

仕事 09

ほめると伸びるのはなぜ?

後輩をうまく指導して成果を挙げてもらいたいけど、どうすればいい?

知って
おこう

人はほめられると自分に期待する

ほめられることで、自分は期待されていると思い、その期待に応えようと行動します。結果的に、期待どおりの成果が挙がるようになるのです。

部下に生まれる心理

自分自身に期待する
「自分には能力があるのでは?」

上司の期待に応えようとする
「自分は期待されているんだな」

↓

実際に効果が上がるよう
行動するようになる

ピグマリオン効果
たくさんほめられ、期待をかけられていると感じた人が、その期待に応えようと努力すること。アメリカの教育心理学者ローゼンタールが発表した心理学用語。

努力の過程をほめてモチベーションを上げる

上司や同僚、クライアントから、ちょっとほめられただけなのに、モチベーションが大きく上がった経験はありませんか? 自分が上司やリーダーの立場になったら、部下を積極的にほめ、本人やチームのパフォーマンスを上げることが重要です。

人は**ほめられたり、期待をかけられたりすると、その期待どおりの結果を出すように行動します**。これを「ピグマリオン効果」といいます。「ほめる」という行為は、相手に自分の長所やポテンシャルに意識を向けさせる効果があるのです。

使える&役立つ

部下をほめて伸ばす方法

ほめて相手の能力を引き出すためには、「優秀な人だ」と信じること。そうすることで、相手は期待に応えようとやる気を出し、結果的に成果につながるわけです。

方法❶ 日ごろから小さいことをほめる

日ごろから相手に目を向け、ほめる部分がないかを探します。**相手の能力を信じることで良い点を見つけやすくなります。** そして、小さいことでもほめ続けていると、相手は「自分に能力がある」と思い込み、より一層、仕事に励むようになるのです。

部下を優秀な人間と信じ、良い点を見つける

方法❷ 仕事の成果をほめる

人はもともと持っている才能や能力よりも、**努力や過程をほめられるほうがモチベーションがアップします。** そこで、仕事で成果が出せるような状況を作り、仕事が完了したところでほめるとさらに効果が上がります。

少しだけハードルが高い仕事を頼む

相手の実力より少しだけレベルの高い目標を設定します。仕事に対する意欲がわき、達成したときの満足感も得られます。

仕事の成果を挙げたことを評価する

結果が出たところで、具体的にどこが良かったかを指摘します。同時に感謝の気持ちを伝えると、より効果的です。

目標を高くして、モチベーションを上げる

具体的に良かった点と、感謝の気持ちを伝える

具体的なほめ方は上図のとおり。**人は生まれ持った才能より、努力や過程をほめられるほうが自信につながり、モチベーションを維持できる**ことがわかっています。ほめるときの参考にしてください。

ちょっと+α

「ピグマリオン」はギリシア神話が由来

「ピグマリオン」は、ギリシア神話に登場するキプロスの王の名前です。王は現実の女性に失望し、理想の女性の彫像を作らせました。いつしかその彫像に恋焦がれるようになり、像からかたときも離れず、衰弱していきます。そんな王の姿を見かねた女神アフロディーテーが像に命を吹き込み、人間の女性に変えたのです。この逸話から、期待することがよい結果を生むとして「ピグマリオン効果」という名前がつけられました。

ニガテな上司とつきあうには？

上司との関係が気になって仕事が手につかない。解決策は？

行きたくないな
どうしよう…
今日、飲みに
いかない？

知っておこう 相手を嫌えば嫌われる法則を理解しよう

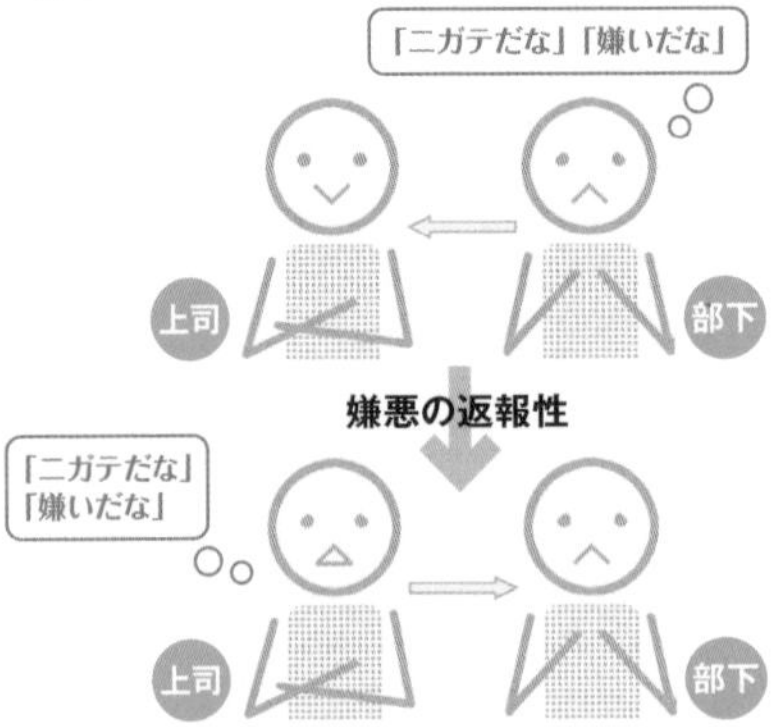
「ニガテだな」「嫌いだな」
上司
部下
嫌悪の返報性
「ニガテだな」
「嫌いだな」
上司
部下

相手に「ニガテ」「嫌い」という感情を持っていると、言葉やちょっとしたしぐさからそれが伝わってしまいます。すると、相手も同じような感情を抱いてしまうのです。

嫌悪の返報性
自分を嫌っている人や悪く評価する人に嫌悪感を抱くこと。返報性とは、相手が何かをしてくれたら、それに対してお返しをしたくなる心理のこと。

何とか
したいなあ

ニガテ意識を捨てて相手との共通点を探す

もしも、ニガテなタイプがあなたの上司になってしまったら？ 部下が上司を選ぶことはできませんが、会社においては、ニガテな人ともつきあう必要があります。

まずは、相手に対するニガテ意識をいったん忘れることから始めてみましょう。**自分がニガテ意識を持っていると、いくら隠そうとしても必ず相手に伝わります。そして、相手もこちらに対し同じような感情を抱くようになる**のです。これを「嫌悪の返報性《へんぽうせい》」といいます。

次に、上司の性格や行動を観察し

使える&役立つ　上司との関係を良くする3ステップ

「ニガテ」の感情をいきなり「好き」に変えるのは難しいですが、そのどちらでもない「中立」にすることは可能です。それだけでも人間関係を改善することにつながります。

ステップ① 好意の返報性　相手に対する苦手意識をなくす

無理矢理でも、**相手の良いと思える部分**を探します。

性格は合わないけど
仕事はできるよな
上司
部下

好意の返報性
自分を好いてくれる人やほめてくれる人に好意を抱くこと。好意を抱く人には好意を、嫌悪を抱く人には嫌悪を感じることで、感情のバランスを保っているとされる。

ステップ② 類似性の法則　相手との共通点を探す

趣味、好きな食べ物など、なんでもかまいません。

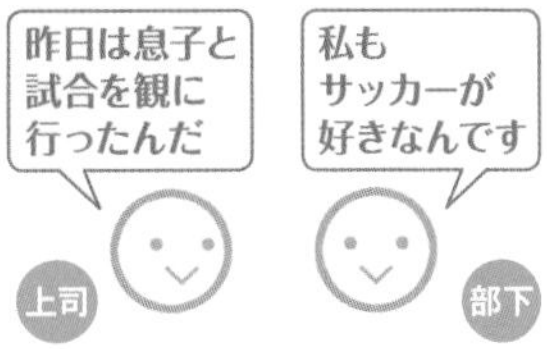
昨日は息子と
試合を観に
行ったんだ
私も
サッカーが
好きなんです
上司
部下

類似性の法則
自分との共通点や類似点を持つ人に親近感を抱くこと。趣味や考え方、宗教、ファッション、食べ物の好み、出身地などあらゆるものが対象となる。

ステップ③ 自己開示　心を開いたことを示す

自分自身の話をすれば、**親しくなりたい気持ち**を示せます。

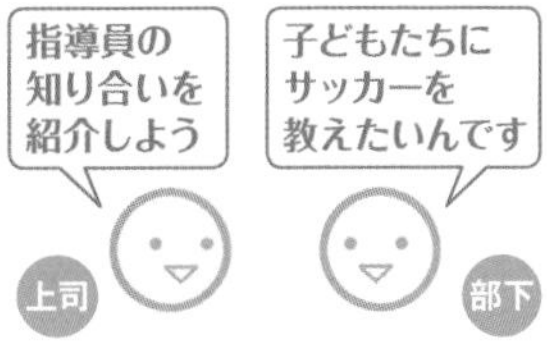
指導員の
知り合いを
紹介しよう
子どもたちに
サッカーを
教えたいんです
上司
部下

自己開示
ありのままの自分（私生活や個人的な経験、人生観など）をわかってほしいという欲求から自分の内面を正直に表すこと。プラス面とマイナス面の両方が対象となる。

て、自分との共通点を探します。心理学では、**自分と類似性があるものに親近感を抱くこと**（類似性の法則）がわかっています。この心理を利用しながら、さらに、自分のことを話せば（自己開示）、上司と打ち解けられるようになるはずです。

ちょっと＋α

いわゆる「ツンデレ」の効果は？

アメリカの心理学者アロンソンとリンダーの実験によると、ある人物に関して、はじめに悪い評価を聞かせ、のちに良い評価を話すと、その逆の順よりも、好感度が上がることがわかりました。これは相手の好感度が途中で変化することで印象が強まることが原因とされています。これを「ゲイン・ロス効果」と呼びます。ただ、現実的には、最初の悪い印象をうまく修正できるかは不明。いわゆる「ツンデレ」を実践するのは危険があることを覚えておきましょう。

会議で案を採用してもらうには？

まわりの雰囲気に流されず自分の意見を主張したい

知っておこう　人は大多数の意見に同調しやすい

人は、無意識にまわりの大多数の人に合わせて行動してしまうことがあります。そのとき、下のような心理が働いています。

「労力を節約したい」
自分で物事を決めるのは非常に労力がいると考える。

「安心感を得たい」
みんなと同じ行動をとれば、安心できると思う。

「正しくありたい」
多くの人が言っていることが正しいと感じてしまう。

「人に好かれたい」
相手に好かれたい気持ちから、意見を合わせてしまう。

同調
周囲の意見に賛同し、同じ行動をとること。自分の意思より周囲の雰囲気を尊重して行動する。表面的な場合、心の底から同調する場合、また無意識のときもある。

多数派の意見に対抗する心理テクニックを利用

会議中、みんなが「A案」と言ったとき、自分ひとりだけ「絶対にB案」と主張するのは、とても勇気がいります。つい「私もA案です」と言ってしまう人が多いはずです。

前述のとおり、**大多数の意見や行動に流されてしまうことは「同調」と呼ばれている心理効果です。**とくに自分の判断に自信が持てないときは、信頼する人々の意見に同調しがち。これは、**集団の中で浮いてしまわないための自己防衛**によるもの。**みんなと同じ意見にすることで「好かれたい」「正しくありたい」**欲求

使える&役立つ 会議で自分の意見を認めてもらうコツ

いくら自分が良い案だと思っても、会議の参加者が同意してくれなければ採用されないでしょう。そこで、自分の意見に多くの人が賛成してくれる心理テクニックを紹介します。

3人以上の仲間を作っておく

会議の前に最低３人以上の賛同者を集めておくと、他の参加者も「同調」しやすくなります。**「賛成！」などの掛け声、拍手をしてもらう**とより効果的。

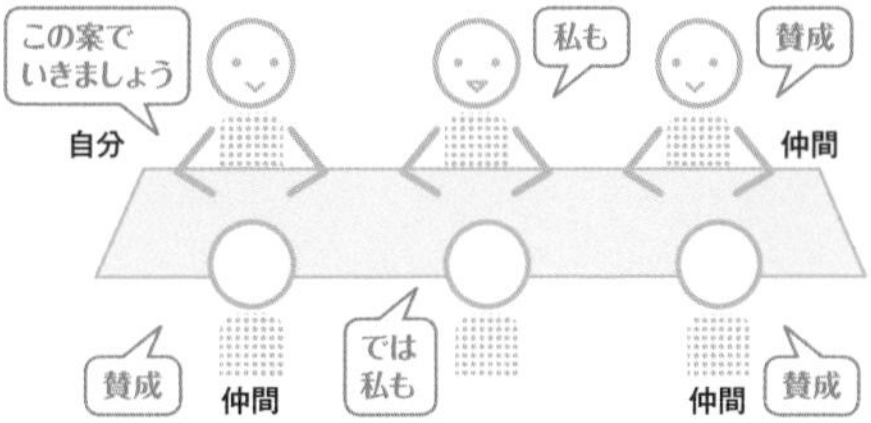

繰り返し主張し続ける

多数派に「もしかして自分たちが間違っているのでは？」という疑念が生まれ、意見を変えさせせることができます。

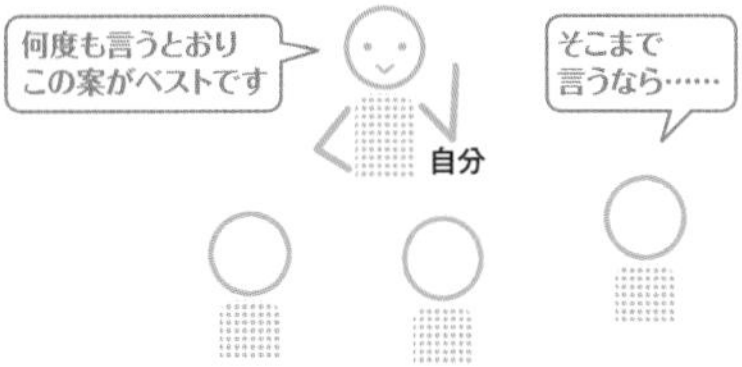

モスコビッチの方略
実績のない者であっても、自分の意見をかたくなに繰り返し主張することで、多数派の意見を切り崩す方法。モスコビッチはフランスの心理学者。

ふだんから信頼を得ておく

ふだんの実績によって、参加者から理解や信頼を得ていれば、自分の考えが少数派であっても、説得力が生まれます。

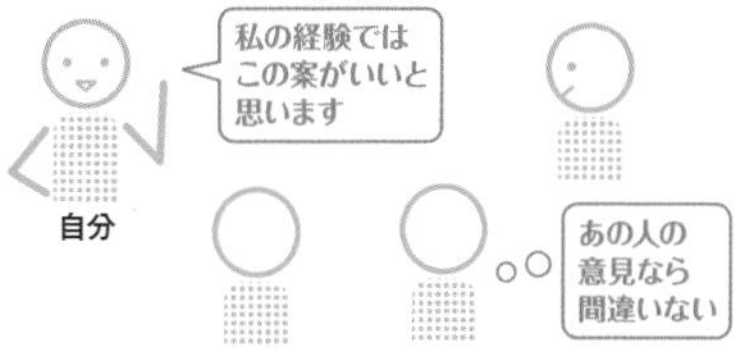

ホランダーの方略
過去に集団に大きく貢献した人がその実績から集団の理解と承認を得ていく方法。「モスコビッチの方略」とともに、少数者が集団の意見を変える方法として知られている。

の表れでもあります。

また、会議でどうしても自分の案を通したいときは、多数派の意見を切り崩し、同調率を下げるという心理テクニックもあります。集団の中で異論を唱えるのは大変ですが、少数派が多数派を動かすことは十分可能です。具体的な方法は、上の図を参考にしてください。

ちょっと+α

席替えで議論の流れを変える

自分が進行役を務める会議で、議論が紛糾し、なかなか結論が出ない場合は、席替えを提案するのもひとつの方法です。たとえば、ライバル（意見が対立している者）同士を横並びに座らせます。これで議論がしにくくなるので、会議がスムーズに進行します。それによって新しいアイデアが出ることもあるはずです。

交渉に役立つテクニック

相手を説得したいときに使えるテクニックを紹介。
ビジネスでも、プライベートでも応用できます。

イーブン・ア・ペニー・テクニック

心理的なハードルを極端に下げて相手と交渉する方法です。たとえば「弊社の商品をすすめさせてください」と伝えるのではなく、「弊社の商品について、1分だけお話しさせてください」と頼むと、話を聞いてくれる可能性が高まるのです。そして、たいてい1分以上経っても、相手は嫌な顔はしません。営業マンがよく使うテクニックです。

ザッツ・ノット・オール・テクニック

「おまけ商法」とも呼ばれるテクニックです。「この商品をお買い上げいただいた方に、こちらを差し上げます」などと、おまけをつけることで、心理的な“お得感”を演出します。なお、おまけはあとから紹介するのが効果的です。テレビショッピングや店頭の実演販売で古くから使われている手法です。

ランチョン・テクニック

飲食をしながら相手と交渉をする手法です。おいしい食事やお店のくつろいだ雰囲気で楽しい時間を演出すると、話の内容をポジティブに受け止めさせる効果があります。政治家や高額な取引をするビジネスパーソンは会食の機会を大切にし、このテクニックを活用しています。

クライマックス法／アンチクライマックス法

「クライマックス法」は、データや過程を先に説明し、最後に結論を伝える話し方です。順序立ててわかりやすく伝えられ、相手の期待を高める効果がありますが、相手の興味が薄い場合は、結論まで聞いてもらえないこともあります。「アンチクライマックス法」は、結論を先に述べ、あとからその根拠を説明する方法です。相手を話に引き込むことができ、話が途中で終わっても、言いたいことを伝えることができます。ビジネスシーンでは、後者のほうが適しているといえます。

やる気をアップさせる方法

ちょっとした心がけで、モチベーションを上げられます。
ここで紹介する方法をぜひ試してみてください。

スピード呼吸法

アメリカの心理学者ジム・レーヤーらは、人間は、気持ちがだらけているときほど呼吸がゆっくりになり、心がワクワクしているときほど呼吸が速くなることを発見しました。これを利用して、やる気を出したいときには、「すーふー、すーふー」と、意識的に呼吸を速く深くしてみます。すると、気持ちを高めることができるのです。これを「スピード呼吸法」と呼んでいます。

アファメーション

自分の思いや信念を外部に宣言することを「アファメーション」と呼びます。人は、目標を宣言することで、自分自身を奮い立たせることができます。他人の前で目標を宣言するのが理想ですが、日記に書いたり、つぶやいたりするだけでも効果があります。前向きで肯定的な思いを言葉にすることで、自分の潜在意識に働きかけ、自然に目標を実現するために行動するようになるのです。

ツァイガルニック効果

「ツァイガルニック効果」とは、人は「未知・未完成のことに対して強い興味を抱く」という心理のこと。たとえば、次の日に取り組む予定だった仕事に少し手をつけておいたり、あえて中途半端なところで作業を止めておいたりします。すると、そのことが気になってしまい「終わらせよう！」という気力がわいてくるのです。長時間、作業を続け効率が悪くなってきたときに、とくに試したい方法です。

自分だけの常備薬

イギリスのハワード・カミンスキーは、気分的に落ち込んだときの対策として、「これさえあれば」というものを用意しておく方法が効果的だとしています。「食べ物」「音楽」「人」「本」など、自分が一番好きなのものであれば、何でもかまいません。元気があるうちにそれらを自分のそばに用意し、気分が落ち込んだときに、すぐにそれを使えるようにしておくのがポイントです。ストレスがたまったとき、目の前にあるものでその場しのぎで発散させるよりも、自分にとって「一番好きなもの」で解消するほうが、モチベーションがよりアップするというわけです。

はみ出しコラム ５

遅刻の心理は？

本読んでた
からへーキ
ごめんー！

待たされてもイライラしない２つの方法

待ち合わせの相手が遅刻したときの許容範囲は、人それぞれ。また、自分にとって重要な人ほど、「忙しい中、会いに来てくれる」という気持ちが生まれ、待つストレスが軽減されます。一方、さほど重要でない相手に待たされると、不満が残ります。

そこで、相手の遅刻にイライラしない方法を２つ紹介します。

ひとつ目は、本を読む、仕事のメールに返信するなどして、待ち時間を自分のために使うこと。待っている感覚が薄れるだけでなく、遅刻してきた相手に「忙しいのに待たせて悪かったな」という印象を与えます（一方、何もせずに待つのは、相手に優越感を抱かせてしまい、逆効果です）。

２つ目は、自分は「ホスト」「ホステス」だと思い込むこと。これを「ペルソナ・ペインティング」といい、「職業上、相手が遅刻しても待たなければいけないものだから」と受容できます。

遅刻にイライラしそうなときは、これらの方法を実行してみましょう。

会話がはずむ！
一目置かれる！

テスト5

相手の夢を聞いて何と答える？

あなたの友人・知人が
「将来、自分のカフェを開くのが夢」
と打ち明けてきました。
あなたは何と答えますか？

A そうなんだ。いいね～

B へぇ～、どんなカフェ？

C ボク（私）なら、手打ちそば屋さんにするな

診断

あなたの出世度がわかります

出世するには会社の求める人物像の見極めが大切。そのためには、上手に相手の気持ちを聞き出す能力が必要です。会話のやりとりから、出世度をはかります。

Ⓐ 出世度はかなり低め

Aは相手の話を深く考えなくてもできるリアクションです。会話を無難にしたいのかもしれませんが、職場でこのような相づちを繰り返すと、仕事に興味がない印象を与えてしまう可能性があります。

Ⓑ 出世度は高め

「どんなカフェ？」と開いた質問で返答されると、相手も「オーガニック食材を使って……」などと楽しく話し出します。具体的なビジネスプランや悩みも聞き出しやすいので、要望を見極められます。

Ⓒ 出世度は低め

会話において自分の意見を言うと、相手の話を止めることになり、要望をうまく聞き出せません。5W1Hに相手の言葉の引用と質問をプラスして、会話が広がるような相づちを意識しましょう。

仕事相手と円滑に話すアドバイス

興味・同調・称賛がポイント

Ⓑの場合、「どこに店を出したいの？」と興味を示し、相手が「横浜」と答えれば「横浜！人気スポットだね」と反復による同調と、プラスの感想をつけると○。

パート

6

人間関係がスムーズになる！心理学

多かれ少なかれ、みんな人間関係の
悩みを抱えています。
自分と他人のココロをもっと知れば、
解決の糸口が見えるはず。
他人とほどよい距離を置き、
良い関係を築く方法を紹介します。

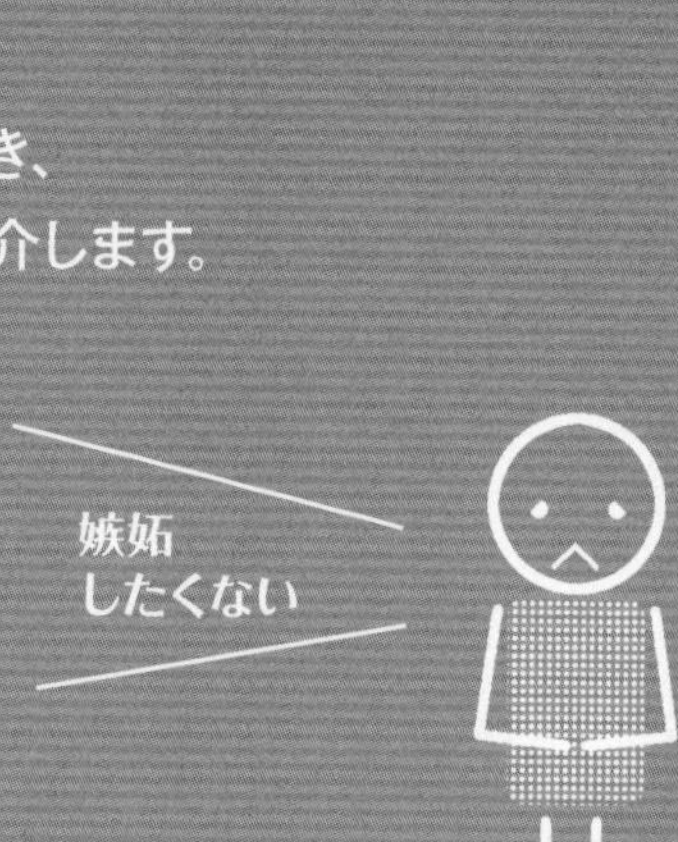

まわりから嫌われてしまったら、つきあっていくのが大変そう……

人に良い印象を持ってもらう方法

知っておこう 人の印象は外見や肩書きに左右される

ハロー効果には、ポジティブな方向に働く場合（英語が得意だから有能）、ネガティブな方向に働く場合（表情が暗いだけで評価しない）があります。

ハロー効果がポジティブに働く場合

ハロー効果がネガティブに働く場合

ハロー効果
相手が優れた特技や肩書きを持っていると、無意識にその人を高く評価してしまうこと。逆に望ましくない一面を持っているだけで評価を下げることもある。

自分の特長をまわりにアピールする

よく「人を見た目で判断してはいけない」「人の真価は外見からはわからない」といいます。しかし、現実には、**外見の良し悪しはまわりの人に少なからず影響を与えます。**

たとえば、2人の新人が入社してきたとします。ひとりはきちっとプレスの利いたスーツを着て、ハキハキと話す。もうひとりは、スーツはよれよれで、終始うつむき加減でしゃべる。人がどちらに良い印象を抱くかは一目瞭然です。つまり、私たちは、**外見の印象から抱いたイメージ**で、その人物の人となりを判断し

使える&役立つ 自分の印象をコントロールする方法

まわりの信頼を集めている人に自分を紹介してもらったり、実力や過去の実績を自分自身でアピールすることで、他人に良い印象を与えることができます。

❶だれかに自分を紹介してもらう

人望のある人に仲立ちをしてもらう方法。まわりの人は**人柄や能力を保証されたように**感じます。一方で、その人に期待するレベルが高くなってしまうデメリットも。

メリット

人柄や能力を保証されたように感じてもらえる。

○○さんの
紹介なら安心だ

デメリット

期待されるレベルが高くなる。

思ったより仕事ができないな

❷自己アピールする

紹介者がいない場合は、**自分で実力や実績をアピール**します。ただ、度が過ぎると「うぬぼれている」「謙虚さに欠ける」などと、ネガティブな評価をされてしまうので注意。

メリット

まわりから尊敬の念を持ってもらえる。

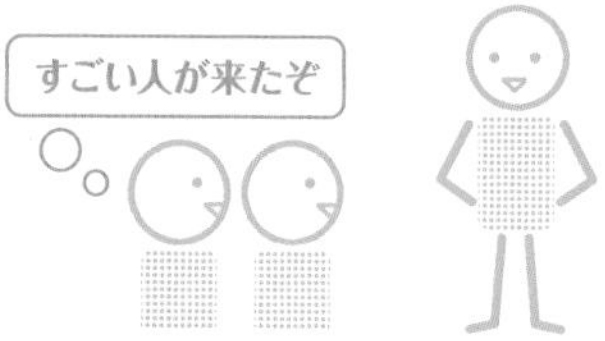
すごい人が来たぞ

デメリット

度が過ぎるとかえって信用を失ってしまう。

ちょっと自慢
しすぎだな

がちです。これを「ハロー効果」といいます。

これを利用して、たとえば、英語が得意なら、それをまわりに知らせることで「英語が話せるなら優秀に違いない」という印象を抱かせることができます。資格や特技以外にも、めずらしい趣味をアピールして興味を引くのも有効です。

ちょっと＋α

印象作りに失敗してしまったら？

緊張しすぎたり、体調が悪かったりして、第一印象で悪いイメージを持たれてしまうことがあります。その場合は、なるべく早く再び会う約束を取りつけ、初対面時の失敗を挽回しましょう。新しい情報で人の判断に強い影響を与えられます。これを「新近効果」といいます。

あまり親しくない人と気まずい雰囲気にならないようにしたい
うまく会話をするコツってある？

今日も
早いわねえ
お、おはよう
ございます
苦手な
おばさんだ

知っておこう　自分のことを話せば相手の心が開く

自分の内面をオープンにすることで「あなたと良い関係を築きたい」という意思を表します。すると、相手も同じような想いを抱いてくれるのです。

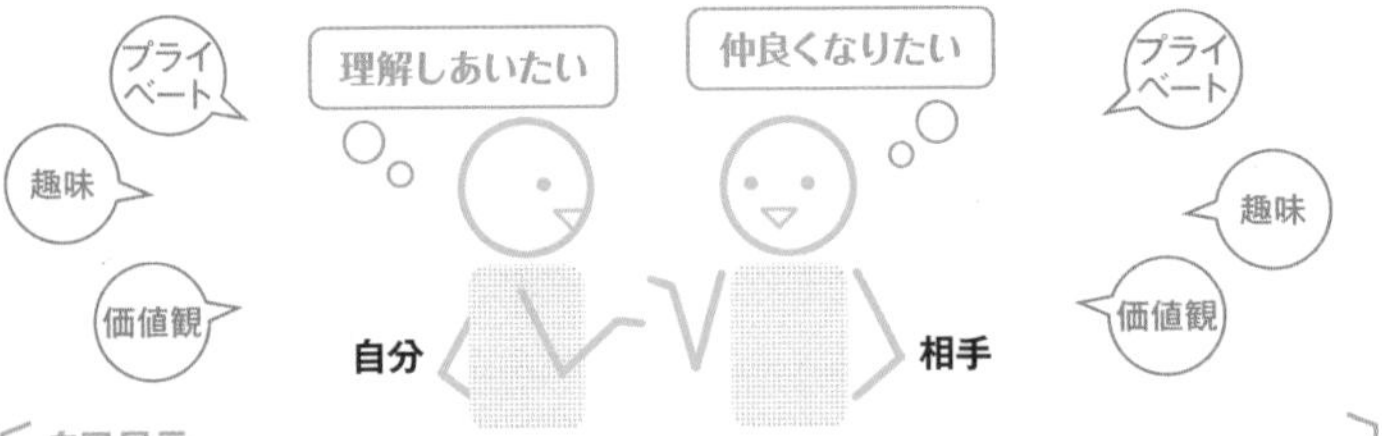
理解しあいたい
仲良くなりたい
プライベート
趣味
価値観
自分
相手
プライベート
趣味
価値観

自己呈示
自分の内面を他人に見せること。相手に抱いてほしい自分のイメージを演出し、自分の印象をコントロールしようとする心理によるもの。

上手に
話したい

自分の心を開いて信頼関係を築く

人は心のなかにいろいろな顔を持っています。職場での顔、友人に会うときの顔、家で家族に見せる顔はそれぞれ異なるのが普通です。これは、その相手とうまくつきあっていくために、「相手にこう思われたい」という自分の姿がそれぞれ違うからです。自分の内面を他人に見せることを「自己呈示」といい、とくに素の部分をオープンにすることを「自己開示」といいます。

会話をスムーズに行うには、この「自己呈示」をすることが重要です。自分の内面をオープンにし、「あなた

使える&役立つ

共感を示すリアクションのしかた

下のように相手に「共感」を示すリアクションをすると、会話をスムーズに行えます。うまく会話を重ねていけば、お互いに理解が深まり、関係も発展していくでしょう。

うなずきながら聞く

会話の途中で、「うんうん」「そうだね」などとうなずきながら聞くと、相手は気持ちよく話せます。**あいづちの言葉を変えたり、共通の話題をふくらませたりする**工夫もしましょう。

ときどき共通の話題をふくらませる

相手の発言を繰り返す

相手の言葉を繰り返すと、相手は「話をきちんと聞いてくれている」と感じます。オウム返しにするだけではなく、**表現を変えたり、話を要約したりする**とよいでしょう。

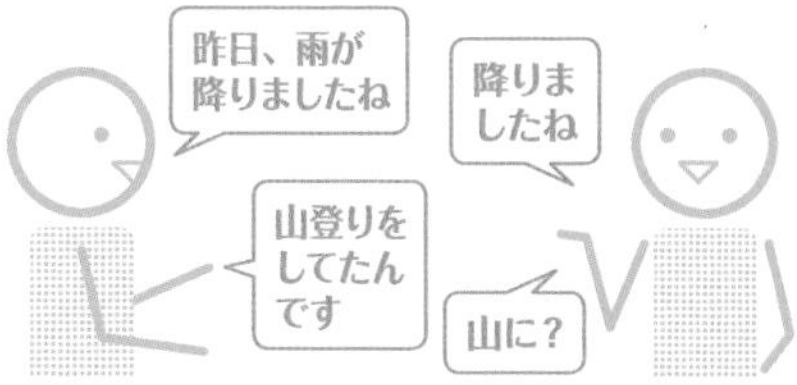

ときどき表現を変えて真似る

リズム・ペースを相手に合わせる

相手と同じリズム・ペースで話す（早口の人には早口で話す）と、好印象を持たれます。飲み物を飲むタイミングを合わせたり、しぐさを真似たりするのも効果的です。

相手のしぐさも真似してみる

との関係を良くしたい」「もっと理解し合いたい」というメッセージを伝えます。すると、相手もそれに応えて同じように内面を見せてくれるようになります。

お互いに信頼関係が築ければ、会話もスムーズにできるはずです。

ちょっと+α

「閉じた質問」と「開いた質問」

質問のしかたには「閉じた質問」と「開いた質問」の2つがあります。前者は「スイカが好き?」のようなイエス・ノーで答えられるもの。後者は「旅行どうだった?」のような具体的に答える必要があるものです。「閉じた質問」は、相手は答えやすいのですが、あまり続くと、尋問されているような気分になってしまいます。一方「開いた質問」は、会話を広げやすいという利点があります。両者をバランスよく活用しましょう。

ほめて好きになってもらうには?

相手の良いところを見つけて、良い関係になりたい

しっかり
やんなさいよ
このコ
仕事が
遅いの
よね
はあ…

知っておこう　自分を認めてくれた人を好きになる

人は、自分を認めてもらいたいという「自己是認欲求」を持っており、ほめられることでその欲求が満たされ、ほめてくれた相手に好意を抱くようになる。

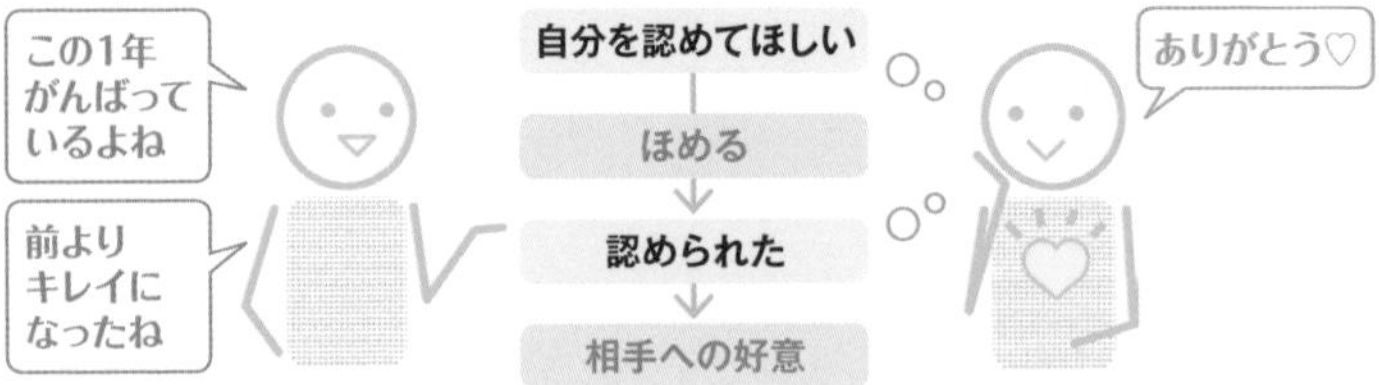
この1年
がんばって
いるよね
前より
キレイに
なったね
自分を認めてほしい
ほめる
認められた
相手への好意
ありがとう♡

自己是認欲求
「自分を認めてほしい」「プラスに評価してほしい」「自尊心を満足させてほしい」という欲求。他人に評価される以外の方法でこの欲求を満たすことはできない。

何か
いい方法
は?

「認めてほしい」という欲求を満たす

だれかにほめられるのは、気持ちがよく、うれしいもの。ほめてくれた相手に、自然に好意を持ってしまった経験はありませんか？

人はだれでも「自分を認めてほしい」「評価してほしい」という欲求を持っています。これを「自己是認欲求」といいます。「この欲求を満たしてくれた」という想いが相手への好意につながるわけです。

コミュニケーションを円滑にし、より良い関係を築くために、上手なほめ方を覚えておきましょう。

ここで紹介するように、ほめ方は

使える&役立つ 相手に好かれるほめ方のパターン

ほめても、人によっては気分を害したり、ワンパターンでうんざりしたりすることも。うまく相手をほめるには、相手との関係や状況に合わせてほめ方を変えることが大切です。

相対評価 他人と比較してほめる

「○○さんより仕事が早いね」「アナウンサーの○○よりいい声をしているね」などと、だれかと比較してほめる方法。ただ、容姿を他人と比べるのは相手が気分を害する場合も。

部署の中で一番仕事が早いね
モデルの○○○よりセンスいいね

絶対評価 他人と比較せずにほめる

「頭の回転が早いですね」「仕事が丁寧だね」などと、だれとも比較をせずにほめる方法。「絶対的にそう思っている」ことを示すので、**相対評価よりも効果的**です。

○○さんは話題が豊富だよね
かっこよくて優しいね

結果評価 行動の結果をほめる

「50件も電話をかけたなんてすごい」「企画が通ったなんてさすがです」などと、行動の結果に触れます。**具体的な行動を評価する**ことで、ほめ言葉のバリエーションも広がります。

10件も成約なんてすごい!
コンペに通ったのはさすがです

プロセス評価 行動の過程をほめる

「この1年、すごくがんばったよね」などと、途中経過や変化に注目します。結果評価に比べて、「自分を気にかけてくれていた」と感じられるので、より喜びが大きくなります。

何日も前から準備してたものね
努力の成果が出てきているよね

4タイプに分けられます。そのなかで**もっとも効果的なのは「プロセス評価」**です。「この1年、すごく努力したよね」などと、プロセスを評価するわけです。人は「変化の度合い」に強く反応する傾向があるのです。ほかのタイプのほめ方も相手や状況に応じて実践してみましょう。

ちょっと+α

「伝聞ほめ」で好感度アップ

「○○さんがあなたのことをほめていましたよ」と、伝聞の形でほめられると、喜びはより大きくなります。目の前にいる人から言われるより信頼性が増すので、「お世辞」や「おだて」ではないと思えるからです。相手をほめるときは、自分が思っていることであっても、「○○さんが～」と伝聞の形に言い換えたり、だれかに自分のほめ言葉を伝えてもらったりしたほうが効果があります。

人間関係でギスギスしたくないから、なるべく他人を好きでいたい 嫌いな人を作らないためには?

あなたに
読んでほしい
本があるの
あ、ありがとう
ございます
おせっかいだ
なあ…

知って
おこう

相手を嫌いになるプロセス

相手と話しているとき、その言葉の意味を探ろうとします。嫌いな相手の場合「悪意がある」と思ってしまい、ますます関係が悪くなっていきます。

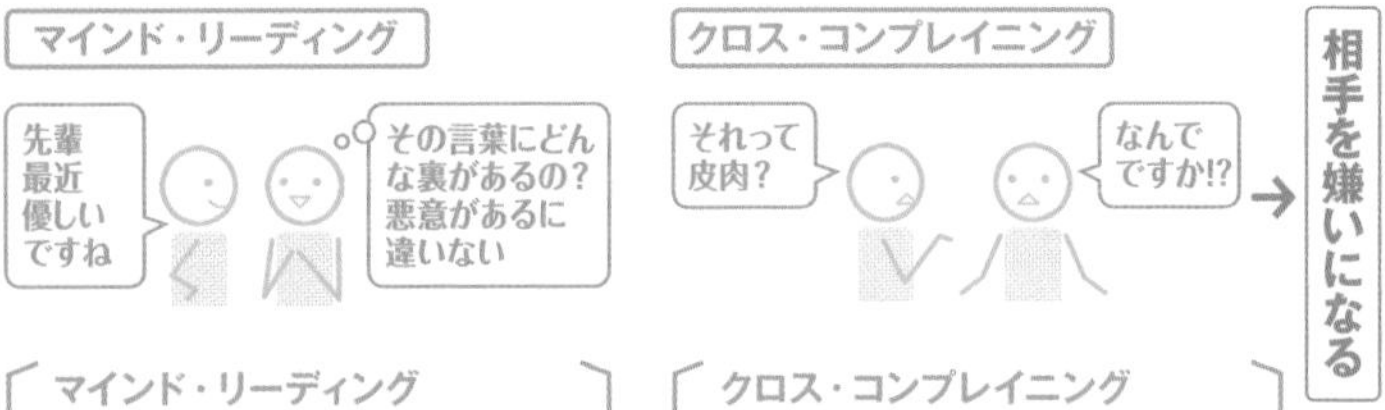
マインド・リーディング
先輩
最近
優しい
ですね
その言葉にどん
な裏があるの?
悪意があるに
違いない
クロス・コンプレイニング
それって
皮肉?
なんで
ですか!?
相手を嫌いになる

マインド・リーディング
相手の心のうちを読もうとすること。言葉や口調、表情、態度から真意を探ろうとする。

クロス・コンプレイニング
お互いに相手を非難しあうこと。相手の言い分を一切認められなくなる状態。

相手の言葉から悪意を読み取らないようにする

派手にケンカをしたわけではなく、理由も説明できないけれども、何となく険悪な雰囲気になってしまう。その原因は、相手に心理的に偏った印象を持ってしまうことにあります。

人は、話をしているとき、相手のその真意を知ろうと、言葉の背景を探ります。これを「マインド・リーディング」と言います。このとき、嫌いな相手に対しては「この人の言葉には悪意がある」と思ってしまうのです。お互いに悪意があると思い込んでしまうと、会話を重ねるごとに、語気が荒くなったり、非難めい

どうしたら
いいの?

使える&役立つ

リフレーミングで人を好きになる

「嫌い」の感情がさらに強い「嫌い」を生み出す悪循環に陥ってしまったら、下の手順で、相手のよい面に目を向けるように努力してみましょう。

視点を変える「リフレーミング」を行う

❶自分の不平・不満を見つめる

たとえば、仕事が遅い後輩に対して「もたもたしていることが不満」などと、**相手を好きになれない理由**がどこにあるか、自分の気持ちを整理します。

鈍くさくて
仕事が遅い

❷その理由を考える

「仕事が遅いのは、丁寧に仕事に取り組んでいるからだ。だから時間がかかるんだ」などと、相手が**なぜそういう行動をとっているか**を考えてみます。

丁寧にやって
いるからだ

❸視点を変えてみる

まず不満（彼は仕事が遅い）、次にその理由（丁寧に仕事をしているから）を**口に出してみます**。すると「ミスが少ない」と、相手の良い点が見えます。

だからミスが
少ないんだ

❹印象が変わる

「信頼して仕事をまかせられるかも」と、**後輩への印象が変わります。**それまで相手に抱いていた嫌いな感情や苦手意識が少しずつ改善されていきます。

信頼
できるかも

リフレーミング
フレームを掛け替える(物事を見る視点を変える)こと。その目的は、問題を即解決することではなく、解決の糸口を探ることに力点が置かれる。

た言葉になったりします。**このような状態は「クロス・コンプレイニング」と呼ばれています。**

これを防ぐには、ここで紹介する「リフレーミング」という方法で、相手を好きになるように意識を変えることが大切です。

ちょっと+α

「なんかムカツク」理由とは?

たとえば、甘え上手な同僚に対して「なんかムカツク」という感情を抱くことがあります。その人は職場で嫌われているわけでもなく、自分ではその理由がわからない。じつは、無意識に自分自身が甘えたいと思っているのに、それを我慢しているからかもしれません。つまり「ムカツク」相手は、自分と同じ面を持っているのです。自分の心を見つめ直し、理由を見つければ、マイナスの感情がやわらいでいくはずです。

どうしても他人を羨んでしまうけど、そういう自分になりたくない
ねたまない人になるための心得

すぐに離婚
するはず
財産目当て
でしょ?
社長の息子と
結婚だなんて…

知って
おこう

劣等感を持っていると他人をねたむ

自尊感情が低くなると、自分に自信がなくなり、他人と比べようとします。自分が人より劣っていると思うと、相手に対するねたみの感情が生まれます。

高
低
自尊
感情
くやしい
ねたみ
劣等感
相手

自尊感情
自分自身に対して、肯定的な評価を下すこと。自分には価値があり、尊重されるべき人間だと考えること。

嫉妬
したくない

自尊感情を高めて自分と他人を比べない

他人の不幸を喜び、幸せをねたむ。けっして良い心理とはいえませんが、だれもが抱きがちであることも事実です。**この心理の背景には「自尊感情」があります。これは自分の性格や能力、境遇などをできるだけ肯定的にとらえ、満足したいという感情のこと。**自尊感情が高い人は、自分に自信を持ち、自分を高めようと行動します。一方で、自尊感情が低い人は、他人と自分を比べて自己の優劣を決めようとする傾向があります。他人が自分より下だと思えれば優越感を抱きますが、他人が上なら劣等

使える＆役立つ 自尊感情を高める方法

自尊感情を高めるには、まず他人と比較することをやめます。そのうえで、下のような方法を実践し、自分自身の価値を認めて、自分に自信を持てるようにしましょう。

「まわりから愛されている」と思う

「だれかに愛されている」という感覚を持てれば、自尊感情は高まっていきます。家族や恋人と過ごす時間を作るようにしましょう。

家族と
触れ合う
愛される人を
作る

他人とつながっていることを意識する

「他人とつながっている」という感覚も自尊感情を高めます。友人と会う機会を増やしたり、サークル活動に参加したりしましょう。

友だちと会う
集まりに参加する

「自分はがんばれる人間だ」と考える

困難を乗り越え、**達成感や充実感を味わうこと**も効果的です。少しがんばれば達成可能なチャレンジをしてみるとよいでしょう。

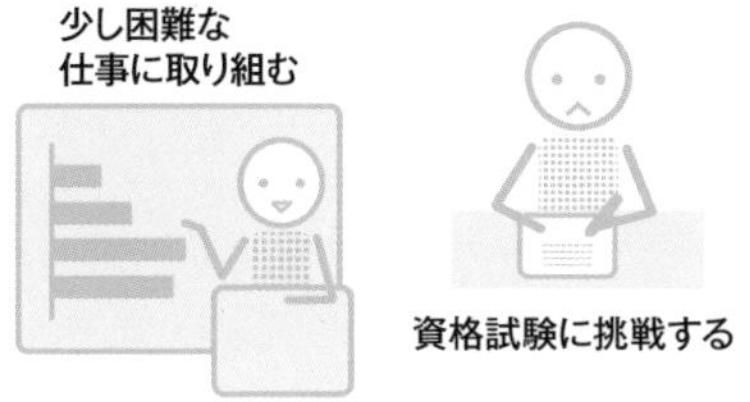
少し困難な
仕事に取り組む
資格試験に挑戦する

自分の良いところを探す

性格や能力など、**自分の良い部分**を探してみます。ささいなことでも自分の強みを書き出したり、人に指摘してもらったりしましょう。

自分の強みを
書き出す
良いところを
言ってもらう

感を覚えます。これが人をねたましく思う気持ちにつながるわけです。

こうした感情を抱かないようにするには、ここで紹介するように自尊感情を高めることです。他人と比較しなくても、**自分自身を肯定的にとらえられれば、劣等感を持たなくなります**。つまり、他人をねたむこともなくなるわけです。

ちょっと＋α

「ねたむ心理」を原動力にする

他人をねたむのは必ずしも悪いことばかりではありません。「自分は嫉妬している」ことを認め、自分自身を見つめ直してみましょう。他人より劣っている部分とは、自分に足りない部分です。それを補うことで、能力が上がったり、環境を変えたりできます。嫉妬心は前向きに生きるエネルギー源にもなるのです。

いつも皮肉を言う人がいるので、うまくやり過ごす方法を知りたい
イヤミを言われたらどう返す?

さすが
ゆとり世代
申し訳
ございません
イヤミな
先輩だ

知っておこう イヤミを言う人の5つの理由

イヤミを言う人の内面では、下のような心理が働いています。それを知ったうえで対処すれば、人間関係を損なわずにやり過ごせます。

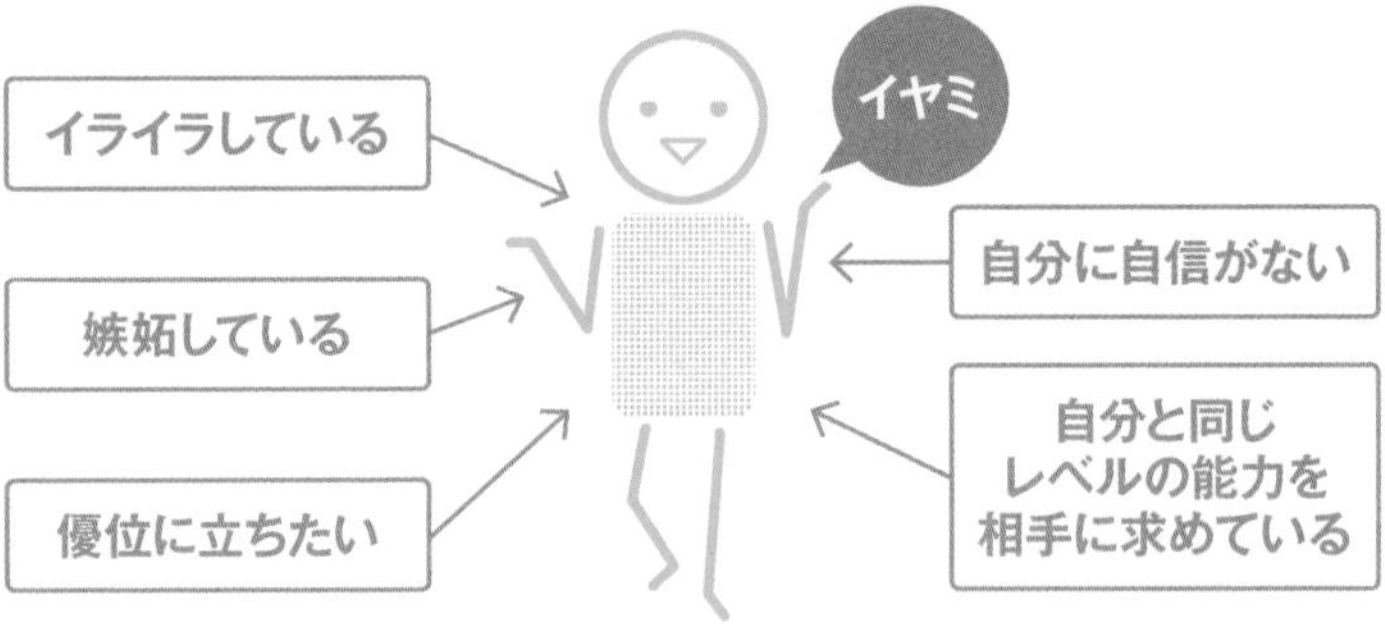
イヤミ
イライラしている
嫉妬している
優位に立ちたい
自分に自信がない
自分と同じ
レベルの能力を
相手に求めている

相手の心理状態を知り敵対せずにやり過ごす

イヤミを言う上司や先輩にうまく対処したい。そんな人は、相手の心理に目を向けてみましょう。

イヤミを言う人は、精神的に満たされないため、イライラしています。そのストレスを解消しようと、つい相手を不快にさせる言葉を言ってしまうのです。また、自分が幸せになりたいという想いから、**自分より充実している人をうらやんで、敵対視してしまう場合もあります。**自分に自信が持てず、他人より劣っていると思っているからこそ、イヤミを言って相手にダメージを与えることで、

もう
耐えられ
ない

使える&役立つ イヤミを言われたときの対処法

イヤミを言われたときに、その言葉を真正面から受け止めると、ストレスがたまってしまいます。下のように対処して、自分の心を健康に保ちましょう。

ゆとり世代?

「相手に働きかける」方法

相手のイヤミに反応する場合は、下の２パターンを実践してみましょう。

聞き返す
あえて聞き返せば、相手は面倒を避けようとして、イヤミを言わなくなるでしょう。

どういう意味ですか?
面倒な人だ……

平気なそぶりを見せる
こちらが気にしていない態度をとると、**相手が勝手に反省してくれる**場合もあります。

以後、気をつけます
言いすぎたかな……?

「自分の中で消化する」方法

イヤミに反応しない場合は、ストレスがたまらないように、下の方法を実践しましょう。

自分のほうが優位と考える
イヤミを言う人は、心が満たされていません。**相手より優位に立っている**と考えるのです。

ストレスがたまっているのかな?

イヤミを乗り越える
あえてイヤミを**自分への助言**ととらえると、自分にも反省点が見つかるかもしれません。

たしかに言うとおりかも……

優位に立とうするわけです。

なかには、「自分ができるから、相手もできて当たり前」と、**自分と同じレベルの能力を相手に求め、それが満たされないと、ついイヤミを言ってしまう人もいます。**

こういった相手に敵対すると、人間関係を損なってしまいます。ここで紹介する方法で、うまくイヤミに対処しましょう。

ちょっと＋α

傷ついた様子を見せるのはNG

イヤミを言われたときに、「そんな言い方、傷つきます」などと、傷ついたそぶりを見せないようにしましょう。相手は反論できずに黙り込むしかありません。自責の念から逃れるために、「私は悪くない」と考えることもあります。すると、相手を嫌いになったり、より攻撃的になったりしてしまうのです。

07

自分自身の性格が、他人の思っているのとは違うみたい

「知らない自分」に出会う方法は？

オレって仕事早いじゃん？
課長からの評価も高いし
もうすぐ昇進は間違いないわけ
この人自分がうぬぼれ屋って気づいているのかな？

知っておこう　人は4つの自分を持っている

人には、下図のように４つの「自分」があるとされています。自分の性格に悩むときは、この４つの窓を書いて心を整理してみるとよいかもしれません。

ジョハリの窓

		自分が	
		知っている	知らない
他人が	知っている	**開放の窓** 自分も他人も知っている「自分」。オープンにしている部分。	**盲点の窓** 自分では気づかないが他人が知っている「自分」の領域。
他人が	知らない	**秘密の窓** 自分は知っているが他人は知らない「自分」。隠している部分。	**未知の窓** 自分も他人も知らない「自分」。無意識に隠された部分。

ジョハリの窓
アメリカの心理学者ジョセフ・ルフトとハリー・インガムが発表した「対人関係の気づきのグラフモデル」のこと。２人の名前を合わせてこの名称がつけられた。

自分を知りたい

自分の「秘密」の部分を相手に「開放」する

自分自身の人となりについて、自分で思っているのとはまったく異なる印象を他人が抱いていることがあります。これを、アメリカの心理学者のジョセフ・ルフトとハリー・インガムが分析し、類型化しました。これは2人の名をとって「ジョハリの窓」と呼ばれています。

これは、人間の内面を格子窓のようなものだととらえ、4つの領域(窓)に分けたものです。つまり、人には、自分と他人が知っている部分(開放領域)、自分は知らないが他人は知っている部分(盲点領域)、自分は知

使える&役立つ

「秘密の窓」を広げ人間関係を深める

人間関係がうまくいかない場合は、「秘密の窓」を広げ、自分のことを相手に知ってもらいます。それに応えて相手も**「秘密の窓」を開放してくれれば**、良い関係が築けます。

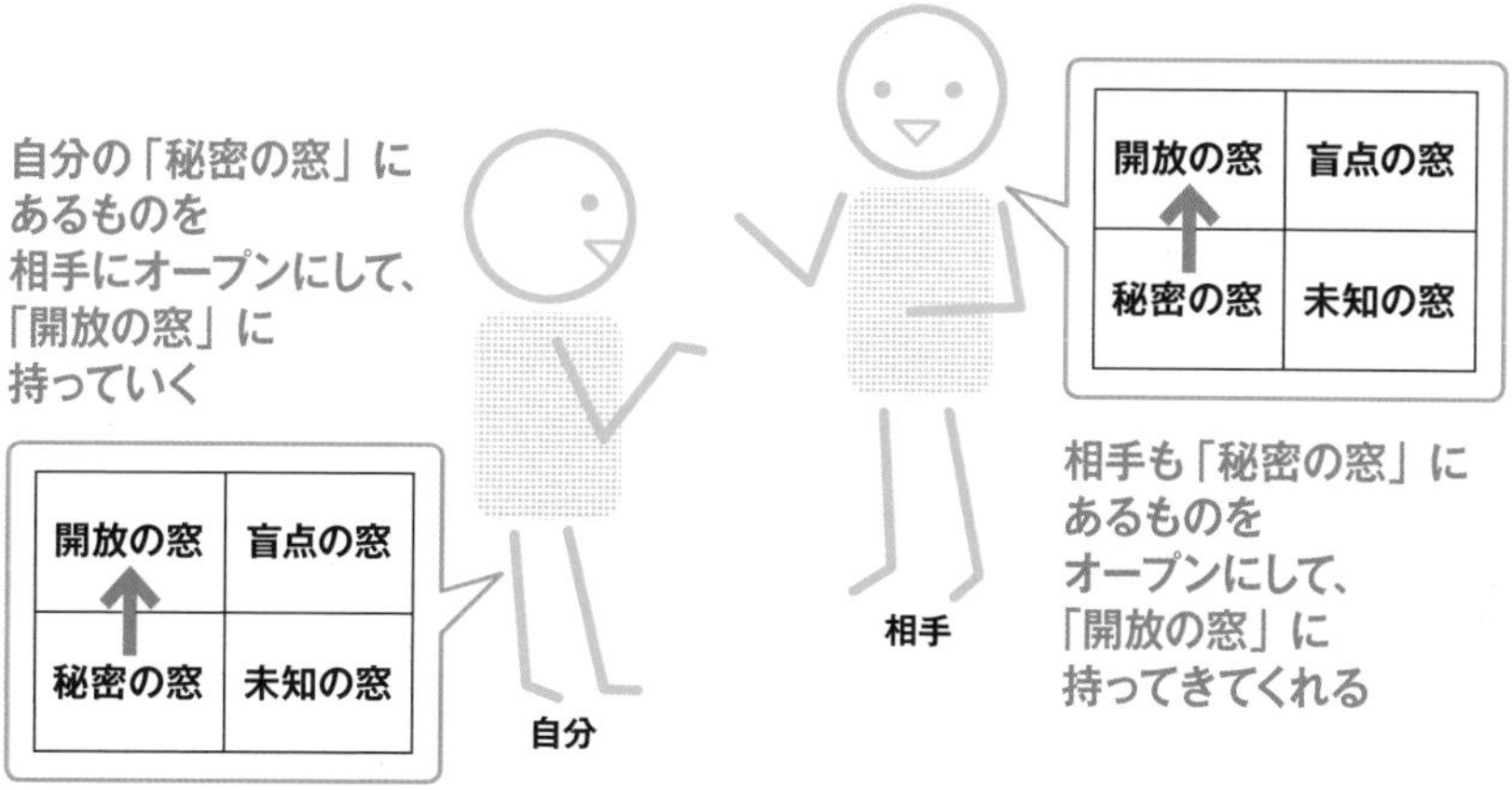
自分の「秘密の窓」に
あるものを
相手にオープンにして、
「開放の窓」に
持っていく
開放の窓
盲点の窓
秘密の窓
未知の窓
自分
相手
開放の窓
盲点の窓
秘密の窓
未知の窓
相手も「秘密の窓」に
あるものを
オープンにして、
「開放の窓」に
持ってきてくれる

「秘密の窓」を広げると……

↓

●人間関係がより深まる　●こじれていた関係が改善できる

っているが他人は知らない部分（秘密領域）、どちらも知らない部分（未知領域）の４つがあるのです。

　相手との関係をより深めたいときは、お互いに開放領域を広げ、秘密領域を少なくしていきましょう。

ちょっと＋α

自分を過大評価する心理は？

それほど実力を持っていないのに、「これは自分の特技だ」などと、つねにポジティブに考えられる人がいます。過度に自分を肯定的にとらえ、本来の実力以上に自分を過大評価する心理を「ポジティブ幻想」といいます。この心理には、ほかに「まわりに対する自分の統制力を現実以上に大きいと考える」「自分の将来を楽天的に考える」という特徴があります。社会で適応して生きていくには、この心理をある程度は持っていたほうがよいといえます。

つい他人を先入観で判断しがち。これって改善できる？

思い込みをなくすにはどうする？

じいさんだから
頑固に違いない
いらっしゃいませ
若者だから
接客態度が
なってない
Hot

知っておこう　ステレオタイプのイメージで思い込む

人は、ステレオタイプのイメージを持つことで、物事をシンプルに、自分にわかりやすくとらえようとします。これが思い込みにつながるのです。

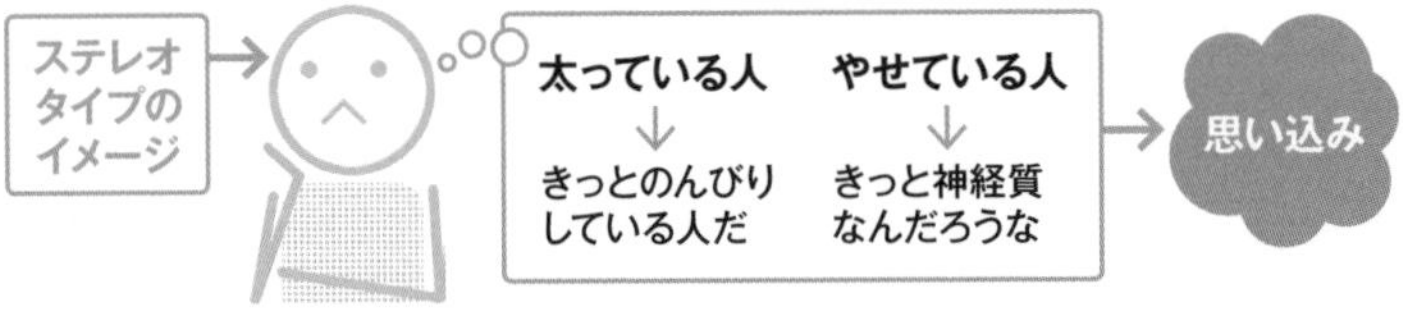
ステレオタイプのイメージ
太っている人
きっとのんびりしている人だ
やせている人
きっと神経質なんだろうな
思い込み

ステレオタイプ
ある集団（性別、容姿、職業など）に対する単純で固定化されたイメージのこと。個人が持っている偏った見方が社会の中で共有されている場合、ステレオタイプと呼ぶ。

先入観を捨てたい

自分の思い込みでできたイメージを捨てる

「あの人は太っているから、おおらかな人だ」「やせているから、きっと神経質に違いない」などと、人は無意識に、性別や職業、容姿などで相手を判断してしまうことがあります。このように、**ある集団に対する単純化したイメージを「ステレオタイプ」といいます。**

　ステレオタイプは、すばやく判断が下せるというメリットがある一方で、相手に対する具体的な情報を持たないため、不正確な「思い込み」をしてしまうデメリットがあります。自分がステレオタイプのイメージを

使える&役立つ 固定された見方を変えるコツ

偏見や差別、誤解につながるステレオタイプな見方は変えたいもの。下の方法を実践することで、ステレオタイプのイメージを減らしていくことができるでしょう。

自分の思い込み度をチェックする

人は無意識にステレオタイプの見方をしています。そこで、**自分がどんな思い込みをしているかをチェック**しましょう。右のような「当然」と思っていることも、いったん疑ってみると、思い込みを減らすことができます。

- □葬儀に参列したときにもらう清めの塩は必ず使う。
- □自分の星座占いが最下位だと気になる。
- □B型の血液型の人はわがままな人が多いと思う。
- □うわさ話を信じやすい。
- □結婚相手の親の職業を気にする。

ワークショップ・セミナーに参加する

ステレオタイプのイメージは、自分の属する集団によって作られます。そこで、**さまざまな集団と関わること**で、ステレオタイプの見方を改善することができます。

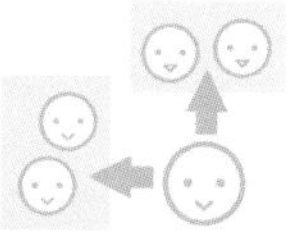

「それって本当?」をログセにする

マスメディアなどから発せられる情報や主張に対し、つねに疑問を持つようにします。自分で真偽を確かめるなどして、**情報を鵜呑みにしないよう**日ごろから心がけます。

持っていることを自覚していない場合も多く、偏見や差別にもつながりやすいため、注意が必要です。

まずは、**自分が持つステレオタイプのイメージをチェックしましょう。そして、さまざまな集団と関わったり、他人の発する主張や情報につねに疑問を持ったりすることで**、思い込みをなくすことができます。

ちょっと＋α

「第三者効果」にも注意

マスメディアなどの情報に自分は左右されないけれども、ほかの多くの人は影響されるだろうと考えることを「第三者効果」といいます。この場合、ステレオタイプのイメージを持っていなくても、結局は多数派と同じ行動をとってしまう傾向があります。自分が少数派だとしても、積極的に正しいと思える行動を心がけたいものです。

今度、夫の家族と同居することに。良い関係を続けるには？ 義両親との関係に不満あり！

知って
おこう

夫と母の一体化で家族の仲が悪くなる

近年は、核家族化が進んでいるため、夫とその母親の関係が強くなる傾向にあります。それが結婚後の夫と妻の関係にも大きな影響を与えています。

夫の幼少期は……

夫は、父親の存在感が薄く、母と子の結びつきが強くなる「母子一体化」の家庭で育ちます。

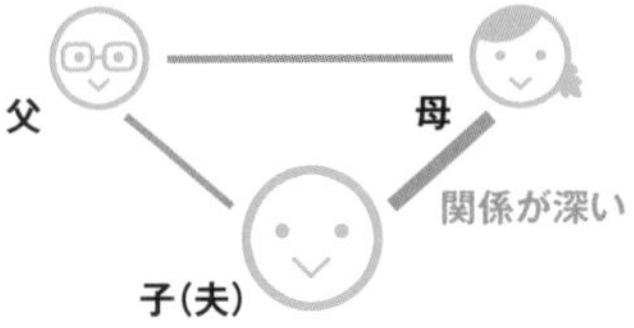

夫の結婚後は……

結婚後は、下図のような三角関係になります。母子の結びつきが強いので、妻と夫の母親の関係は対立します。

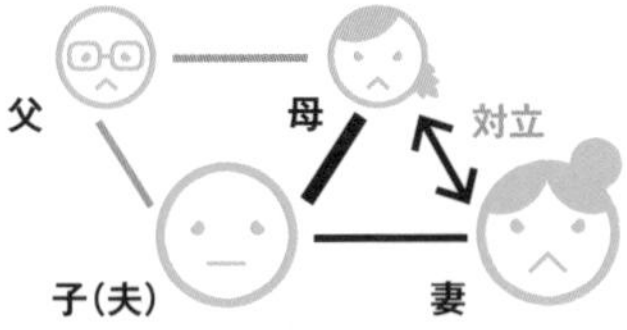

夫の家族と適度な距離を保つ

最近は、妻が夫の家族と同居するケースは減っており、義両親との衝突もかつてほど起こらなくなっています。それでも夫の母親とうまくいかない人がいるのもたしかです。

なぜ、妻と夫の母親はぎくしゃくしてしまうのでしょう？

これは、夫の子ども時代における母と子の関係が影響しています。夫の育った家庭で、**父親の存在感が薄かったり、不在がちだったりすると、母子の絆が強くなり「母子一体化」が進みます。**息子が結婚すると、母親には大切な子どもを他人に奪われ

使える&役立つ　夫の家族と良い関係を保つ方法

良好な関係を築くには、妻、夫、夫の母親の三角関係を改善することが大切です。そのための方法としては、以下の２つが考えられます。

お互いの結びつきを均等にする

夫の父親が協力し、距離が接近しすぎないように調整します。

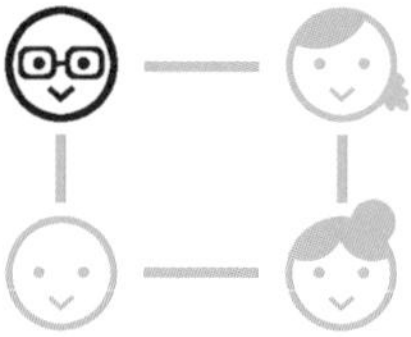

夫が妻の実家に同居する

この場合、同居するのは実の母娘なので、母子一体化の問題はなくなります。

使える&役立つ　関係が悪化した場合の対処法

ちょっとした行き違いから、大きなトラブルに発展することも。関係が悪化した場合は、下記の方法で修復しましょう。

話し合いで解決する

主婦としての権限を妻が侵さないよう、家事の分担などについて話し合いましょう。

夫婦の結びつきを強くする

２組の夫婦がそれぞれの結びつきを強め、**４者が適度な距離を保ちます。**

たような心理が働きます。つまり、**妻と夫の母親は、夫（息子）をはさんだ三角関係になっているのです。**

関係を良くするには、**２組の夫婦が円満な関係を保つことが大切です。**そのためには、夫や夫の父親の協力も不可欠です。母子が適度な距離を保てば、義両親との関係もバランスがとれるわけです。

ちょっと＋α

私たちが持つ「家意識」とは？

私たちが無意識に持つ「家とはこうあるべき」というイメージを「家意識」といいます。たとえば、家長や家風、長男を尊重するといった意識のこと。義両親とのこじれの原因にはこの「家意識」があります。とはいえ、これを完全に否定するのではなく、若い夫婦世代の独立性を保ちながら、上の世代とも交流を深められる関係を目指すべきでしょう。

人間関係に悩まなくなる方法は?

職場やサークル、家族など、何も心配せずに他人とつきあいたい

知っておこう

人が悩むのは欲求が満たされないから

人は、欲求が満たされてこそ心の健康を保てます。心が安定していれば、人間関係の問題が起こっても、適切に対処し逆境を乗り越えることができます。

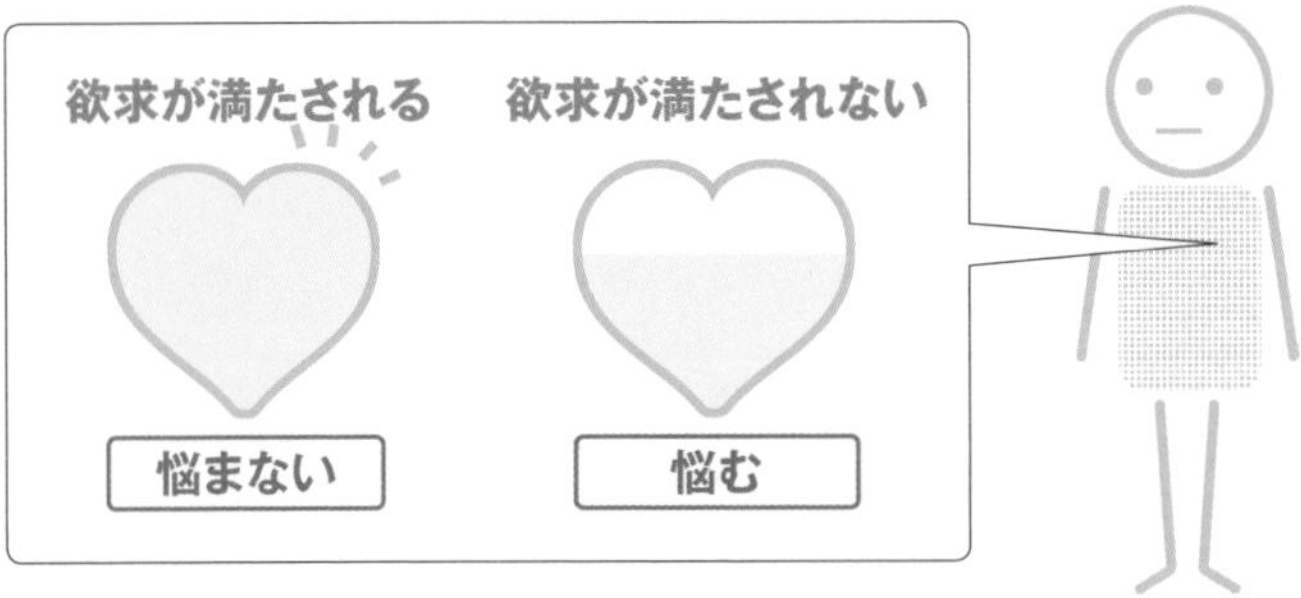

逆境を乗り越える心理テクニックを実践する

人が生きていくうえで、人間関係のトラブルはつきものです。しかし、問題がなかなか解決せず、心が不安定になってしまうことがあります。そんなときは、どう対処すればいいのでしょう?

　私たちは、さまざまな欲求から行動を起こします。**欲求が満たされてこそ、心の健康が保たれる**というのが心理学の考え方です。ときに不安になったり、イライラしたりすることはあっても、欲求が満たされていれば、人間関係のトラブルを乗り越えることができます。

使える&役立つ 逆境に対処するLEADで解決

自分に人間関係における難題がふりかかってきたときは、くよくよと悩むのではなく、下の４つのステップを踏みながら問題に対処し、解決の糸口を探っていくと良いでしょう。

LEAD法
アメリカの組織的コミュニケーションの専門家・ストルツが提唱した問題解決の方法。自分に難題がふりかかってきたときに４つのステップで切り抜ける。

L（LISTEN＝聞く）

自分の内面を見つめ直し、何が問題なのか書き出します。まわりに意見を聞くのも有効。

問題点を探る

E（EXPLORE＝掘り下げる）

問題点がわかったら、**それを解決する方法**を考え、ノートに書き出してみます。

解決方法を考える

A（ANALYZE＝分析する）

問題点と解決策を冷静に検討し、自分が**次にとるべきアクション**を決定します。

問題点と解決法を検討する

D（DO＝行動する）

アクションを実行してみます。うまくいかない場合は、別の解決策を考えてみましょう。

解決法を実行する

欲求を満たす方法はいくつかありますが、ここではアメリカのコミュニケーションの専門家・ストルツが提唱した「LEAD法」を紹介します。これは、**逆境に対処するための４つの心理テクニックを法則化したもの**。人間関係で悩んだときは、ぜひ実践してみてください。

ちょっと+α

「セルフ・モニタリング」も効果的

心理的な問題を解決する方法のひとつに「セルフ・モニタリング」があります。これは、自分の心のありようを客観的にチェックするというものです。たとえば、「気持ちが高ぶっている」「不安に思っている」といった毎日の心理状態を日記などに記録していきます。自分の心の状態を自覚できれば「リラックスする時間を積極的に作る」などの対策を講じられるというわけです。

コンプレックスの種類と傾向

劣等感のことを俗に「コンプレックス」と表現され、使われています。
しかし、劣等感のほかにもさまざまな種類があります。

マザー・コンプレックス

成人した男性が、母親との間に年齢にそぐわない依存関係を持ち続けていて、そのことに疑問や葛藤を感じていない状態。「マザコン」とも。結婚後、妻との関係において問題が生じる場合があります。

白雪姫コンプレックス

母親が、悪いことだと知りながら子どもに虐待を加え、その葛藤に苦しむこと。母親自身が幼いころ、虐待された経験を持っていることが多いようです。

カイン・コンプレックス

きょうだい間で妬みや憎悪の念を抱くこと。『旧約聖書』に登場するカインとアベル兄弟の物語にちなんで名づけられました。幼少時代に、差別されながら育てられたなど、親の子育てに原因がある場合がほとんどです。

オナリ・コンプレックス

異性のきょうだいに性愛感情を抱くこと。オナリとは沖縄の方言で「姉妹」を意味します。異性のきょうだいは身近な存在であるため、深い愛情を持つのは自然のことですが、ふつうは年齢とともに、きょうだい以外の異性に目を向けられるようになります。

ロリータ・コンプレックス

中高年の男性が、少女に対して性愛感情を抱くこと。アメリカの作家ウラジーミル・ナボコフの小説『ロリータ』から名づけられました。成熟した女性に対する劣等感が原因であるとする考え方もあります。

シンデレラ・コンプレックス

女性が男性に対して、「助けてもらいたい」「守ってほしい」という感情を抱き、自立を妨げられている状態。幼い頃から過保護に育てられた女性や高学歴の女性に多く見られるようです。

モテるための心理は？

出世するために
頑張るぞ！
いってらっしゃーい
ステキ！

女性は男性の「達成能力」に惹かれる

「女性にモテたい」と思っている男性は多いのではないでしょうか。

心理学者リチャード・センターズは、50組の成人カップルを対象に「女性が男性に対して強い魅力を感じる能力ベスト10」を調査しました。その結果、1位は「達成能力」。次に「リーダーシップ能力」「職業的能力」「経済能力」「娯楽的能力」などが続き、子ども時代、モテる要素だった「運動能力」は9位にとどまりました。

つまり、注目すべきは「達成能力」です。女性は、夢を追っている男性に惹かれます。したがって、女性にアピールするときは、「ボクにはこんな夢があって、そのためにこんな努力をしていて、今はここまで達成している」という話を自慢にならない程度にしてみましょう。前向きな印象で、好感度が上がります。

「達成能力」は、生まれつきの才能や外見とは直接関係がありません。努力次第で伸びるものなので、だれでもモテる可能性を秘めているのです。

人づきあいを
スムーズにする

テスト6

遅刻したら、何て言う？

あなたは、取引先の相手と
朝10時に会う約束をしていましたが
完全に寝坊して、遅れてしまいました。
取引先に、何と言いますか？

A 前の打ち合わせが延びてしまい、遅くなりました！
本当に申し訳ありません！

B 遅れました！本当に申し訳ありません！

診断

あなたの 世渡り上手度 がわかります

何かミスをしたときに絶対に必要なのは、実は「理由」です。理由がないと、相手は「軽く見られているかも」と不安になるため、より関係が悪化します。

Ⓐ 非常に世渡り上手

多少しらじらしいですが、ウソでも理由を言ったあなたは、世渡り上手なタイプ。たとえその場では信ぴょう性が低くても、時間とともに、確実に相手の心に浸透していきます。

Ⓑ ちょっと世渡り下手

理由を言わない人はちょっと世渡り下手です。相手の気持ちを和らげるためにも、謝罪の言葉は必須ですが、相手には「遅刻したのに何も言わなかった」という違和感だけが残ってしまいます。

人間関係を円滑にするアドバイス

時とともにウソの情報も信ぴょう性が高まる

たとえ信ぴょう性が低い情報も、時間の経過で内容そのものだけが記憶に残り、真実味を帯びてきます。これを「スリーパー効果」といいます。前ページでは、取引先が遅刻の理由をはじめは「ウソっぽい」と思っても、「前の打ち合わせが延びた」という内容だけが記憶に残ります。その結果、はじめは待たされてイライラした相手も、「仕方がないかな」と思えるようになるのです。

おもな参考文献

『「なるほど!」とわかる　マンガはじめての心理学』ゆうきゆう 監修
『「なるほど!」とわかる　マンガはじめての他人の心理学』ゆうきゆう 監修
『「なるほど!」とわかる　マンガはじめての恋愛心理学』ゆうきゆう 監修
『面白いほどよくわかる!　心理学の本』渋谷昌三 著
『面白いほどよくわかる!　他人の心理学』渋谷昌三 著
『面白いほどよくわかる!　恋愛の心理学』渋谷昌三 著
『面白いほどよくわかる!　自分の心理学』渋谷昌三 著
『面白いほどよくわかる!　職場の心理学』齊藤勇 監修
『面白いほどよくわかる!　見ため・口ぐせの心理学』渋谷昌三 著
『決定版　ホンネがわかる心理テスト』前田京子事務所 監修
(以上、西東社)

『出会いでつまずく人のための心理術』ゆうきゆう 著 (Nanaブックス)
『相手の性格を見抜く心理テスト～ゆうきゆうのキャラクタープロファイリング～』
ゆうきゆう 著　ソウ 画 (マガジンランド)

『これは使える!　心理テスト』ゆうきゆう 著 (三笠書房)
『学研雑学百科　心理学入門　心のしくみがわかると、見方が変わる』
ゆうきゆう 監修
『使える!伝わる!　敬語と言葉づかい　マナーの便利帖』直井みずほ 監修
『使える!うまくいく!　おつきあい・気くばり　マナーの便利帖』澤野弘 監修
『使える!信頼される!　見た目としぐさ　マナーの便利帖』直井みずほ 監修
(以上、学研プラス)

『渋谷先生の一度は受けたい授業　今日から使える心理学』渋谷昌三 著
『渋谷先生の一度は受けたい授業　今日から使える人間関係の心理学』渋谷昌三 著
『男心・女心の本音がわかる　恋愛心理学』匠英一 著
『史上最強図解　よくわかる人間関係の心理学』碓井真史 監修
(以上、ナツメ社)

『面白くてよくわかる!　恋愛心理学』齊藤勇 著 (アスペクト)
『人間関係が「しんどい!」と思ったら読む本』心屋仁之助 著 (KADOKAWA)
『図解 相手の気持ちをきちんと〈聞く〉技術
会話が続く、上手なコミュニケーションができる!』平木典子 著
『図解 自分の気持ちをきちんと〈伝える〉技術
人間関係がラクになる自己カウンセリングのすすめ』平木典子 著
(以上、PHP研究所)

『植木理恵のすぐに使える行動心理学』植木理恵 監修 (宝島社)
『面白いほどわかる!　他人の心理大事典』おもしろ心理学会 編
『気配り王の人間関係大事典』話題の達人倶楽部 編
(以上、青春出版社)

『短くて心に響く!　乾杯・献杯・締めのあいさつ』主婦の友社 編
『ジーンと心に響く!　主賓・来賓・上司のスピーチ』杉本祐子 著
(以上、主婦の友社)

さくいん

STAFF
装幀　小口翔平＋加瀬梓（tobufune）
装幀イラスト　よしだみさこ
本文イラスト　オモチャ、竹本夕紀（ Initium)、石山沙蘭
編集協力　鍋倉弘一（ヴァリス）
校正　東京出版サービスセンター
デザイン・DTP　blueJam inc.
データ修正　ユニット

人と自分の心を動かす！

なるほど心理学

2021年9月14日　第1刷発行
2023年8月31日　第2刷発行

発行人　土屋 徹
編集人　滝口勝弘
編集　浦川史帆
発行所　株式会社Gakken
〒141-8416
東京都品川区西五反田 2-11-8
印刷所　凸版印刷株式会社

≪この本に関する各種お問い合わせ先≫
●本の内容については
下記サイトのお問い合わせフォームよりお願いします。
https://gakken-plus.co.jp/contact/
●在庫については
☎ 03-6431-1201（販売部）
●不良品（落丁、乱丁）については
☎ 0570-000577　学研業務センター
〒354-0045　埼玉県入間郡三芳町上富 279-1
●上記以外のお問い合わせは
☎ 0570-056-710（学研グループ総合案内）